JN340805

김훈 장편소설 나예게
묻이 밝으라

길을 잃은 나에게 꿈이 답하다

초판 1쇄 인쇄 : 2025년 8월 8일
초판 1쇄 발행 : 2025년 9월 1일

지은이 | 문심춘
펴낸이 | 이석연

편집 : 그루칸 출판사 편집부
디자인 : 강효선
인쇄 : 네모 연구소
　　　 서울특별시 중구 충무로29 101호

펴낸곳 : 그루칸 출판사
출판 등록 : 2024년 1월 16일
　　　　　 제 2024-000022호
주소 : 경기도 남양주시 오남읍 양지로 320번길 8
전화 : 010-3151-2841
이메일 : wipoinfo@naver.com
인스타그램 : gurkan.publishing

copyright ⓒ 이석연, 2025. Printed in Korea

＊ 이 책 내용의 전부 또는 일부를 재사용하려면
　　반드시 저작권자와 그루칸 양측의 동의를 받아야 합니다.
＊ 잘못 만들어진 책은 구입한 곳에서 교환해드립니다.

길을 잃은 나에게
꿈이 답하다

문심춘 지음

GRUKAN

* 이 책에 담긴 사례는 모두 실제 상담 과정에서 만난 내담자들의 이야기이며, 사례 사용에 앞서 서면 동의를 얻었습니다. 내담자의 신원을 보호하기 위해 가명을 사용하였고, 개인적인 정보와 심층적인 내용 일부는 보호를 위해 생략하거나 수정하였음을 밝힙니다.

이 이야기가 당신을 당신에게 돌려보내기를,
편견없는, 두려움 없는 당신에게로

차 례

프롤로그 008

들어가며 010

1장 길을 잃고 찾아가는 이야기 017
민담과 꿈 | 꿈 | 상징 | 치유로서의 이야기

2장 고슴도치 한스와 반쪽이
가시와 반쪽의 이야기 029

두 이야기의 여정 | 불완전함의 풍경 | 고슴도치의 가시 |
반쪽이 | 난로에서의 8년 | 호랑이의 세 가지 얼굴 |
결핍이 선물하는 내향의 여정
라빈의 이야기 : 방 안에 갇힌 소녀

3장 오딘과 환웅
관점의 전환이 열어주는 세계 085

오딘과 환웅 | 수직적 전환의 신화 | 다른 눈으로 세상 보기 |
고대 신화에서 현대인의 삶으로 | 각자의 시간
라빈의 이야기 : 변화를 기다린 소녀

| 4장 | 미로 속 아리아드네와 바리데기 | 127 |
| | 버려짐이 열어주는 치유의 길 | |

미로의 심장에서 만난 괴물 | 두 이야기의 만남 | 미로와 저승길 |
실타래와 생명수 | 버려짐과 화해 | 신적 변환과 영혼의 결혼
라빈의 이야기 : 미로를 빠져나온 소녀

| 5장 | 꿈으로 마음 읽기 | 175 |

꿈의 치유력 | 현대인의 길 잃기 | 꿈 일기 쓰기
나가며 : 별을 담은 손

에필로그	198
참고문헌	205
주석	209

프롤로그

1991년, 겨울.

봄이 오지 않기를 바랐다.

그해 봄, 꽃은 피지 않았다.

갈 곳을 잃어버린 스무 살의 겨울. 그해는 유독 포근했다. 친구들은 모두 새로운 출발에 설레는 마음으로 길고 긴 겨울을 느긋하게 즐기고 있었다. 하지만 집 밖을 나와도 갈 곳 없는 이에게 그 따뜻한 겨울은 비극처럼 다가왔다.

왜 하필 그해의 겨울은 그토록 따뜻했을까. 세상의 온기가 나를 더욱 차갑게 만들었다. 친구의 위로도, 가족의 염려도 내게는 그림자처럼 아득했던 그 시절, 마음속 난로는 꺼져버렸고 집이란 공간은 고슴도치의 가시보다 더 불편한 곳이 되어버렸다. 누구나 겪을 수 있는 일이지만, 아무에게도 털어놓을 수 없는 일이기도 했다.

8 꿈이 답하다

책상 위 달력은 멈춰 있는데 시간만 흘러갔다. 삶이라는 숲길을 걷다가 문득 내 하늘이 무너져 내렸다. 하루하루 익숙하던 일상이 낯설어졌고, 앞으로 가야 할 길은 안개 속으로 스러졌다. 한 치 앞도 가늠할 수 없는 미로 속에 갇힌 듯한 그 시간. 하필 그때가 세상을 시작하려던 그 순간이었다니. 처음 마주한 세상은 가혹한 그 자체였다.

창밖에서는 새들이 지저귀고, 사람들은 봄을 이야기했지만 내 안은 여전히 겨울이었다. 매일 아침 거울 속에 비친 낯선 얼굴을 마주하며 "오늘은 뭔가 달라질까?" 기대했지만, 하루가 끝날 때면 여전히 제자리였다. 그렇게 하루하루가 쌓여갔다. 밤이면 천장을 바라보며 끝없이 질문을 던졌다." 나는 지금 어디로 가고 있는 걸까? 이 길의 끝에는 무엇이 있을까?"

시간은 흘러갔지만, 나는 여전히 묻는다. 그때의 나에게, 그리고 지금도 어디선가 길을 잃고 있을 그대에게. 그 길고 긴 방황의 끝에서 우리는 무엇을 찾고 있는지를.

이 책은 스무 살의 나에게 보내는 편지다. 여리고 아팠던 그 시절의 나를 기억하며 쓴다. 꽃이 피지 않았던 그 봄을 지나, 마침내 피어난 꽃처럼.

들어가며

상담실에서 만난 많은 이야기 중에서도 특별히 기억나는 순간들이 있습니다. 그중 하나는 18세 소녀와의 첫 만남입니다. 5년이라는 시간을 방 안에서 보낸 후, 그녀는 조심스럽게 상담실 문을 열었습니다. 처음에는 목소리가 들릴 듯 말 듯 했지만, 시간이 흐르면서 그녀는 자신만의 이야기를 펼쳐냈습니다.

이 책은 그녀와의 상담 과정에서 시작되었습니다. 어느 날 그녀는 저에게 제안했습니다. "선생님, 제 이야기가 다른 사람들에게도 도움이 될 수 있을까요? 저처럼 방황하고 힘든 시간을 보내고 있는 사람들에게 말이에요." 그녀의 이 작은 소망이 이 책의 씨앗이 되었습니다.

특별히 주목할 만한 것은 그녀와 꿈의 관계였습니다. 어릴 때부터 다양하고 생생한 꿈을 꾸었던 그녀는 자신의 꿈을 기록하는 습관이 있었습니다. 상담 과정에서 우리는 그녀의 꿈을 중요한 소통 창구로 활용했습니다. 융 심리학에서 꿈 분석은 기호학적으로 상징을 끼워 맞추는 작업에 그치지 않습니다. 꿈은 '확충amplification'이라는 과정을 통해 이해되어야 합니다. 이는 꿈의 이미지와 상징을 더 넓은 맥락에서 탐색하고, 개인적·문화적·원형적 차원을 모두 고려하여 그 의미를 확장하는 작업입니다.

상담 시간에 우리는 그녀의 꿈을 기계적으로 분석하지 않았습니다. 대신, 그녀가 꿈을 이야기하고 그것에 대한 자신의 느낌과 연상을 자유롭게 표현할 수 있도록 하였습니다. 이 과정에서 그녀는 자신의 무의식과 소통하는 법을 배우게 되었고, 꿈을 통해 자기 내면 여정을 더 깊이 이해할 수 있게 되었습니다.

놀라운 것은 이 단순한 작업만으로도 그녀의 변화가 눈에 띄게 나타났다는 점입니다. 꿈을 기록하고 상담 현장에서 함께 나누는 행위 자체가 그녀의 무의식에 긍정적인 영향을 미쳤고, 그녀의 성장과 치유를 도왔습니다. 꿈은 그녀에게 나침반이 되어주었고, 미로 같은 삶에서 길을 찾아가는 데 도움을 주었습니다.

상담실에 찾아오는 내담자들을 만나는 순간은 매번 긴장됩니다. 그들이 호소하는 문제, 상담을 통해 변하고 싶어 하는 증상이나 어려움을 경청할 때, 저는 고도의 집중력과 함께 긴장감을 느낍니다. 마치 저 자신을 심판대에 올려놓은 듯, 과연 제가 그들의 세계에 들어갈 자격이 있는지 자문하곤 합니다.

제게 상담이란 내담자의 세계로 들어가 그들과 함께 그 세계를 탐색하고, 멈춰 있거나 고착된 지점을 발견하는 과정입니다. 그리고 그 지점에서 내담자 스스로 성장할 수 있도록 동행하는 것이죠. 내담자의 세계에 초대받는 것은 감사한 일이지만, 한편으로는 두려움도 있습니다. 상담자로서 저는 내담자의 세계에 압도되지 않으면서도 그들에게 가이드이자 동행자가 되어야 하기 때문입니다.

상담자로서 저의 역할은 내담자의 세계를 있는 그대로 받아들이고 수용하는 것에서 시작합니다. 그런 책임감은 항상 겸허함과 동시에 두려움을 동반하죠. 저는 내담자를 완벽하게 치유할 수 있는 전지전능한 존재가 아닙니다. 저 역시 나약하고 문제 많은 인간으로서, 내담자의 아픔을 공감하고 이해하며 함께 길을 모색해 나가는 동반자일 뿐입니다. 때로는 전적으로 내담자의 입장이 되어 그들의 시선으로 세상을 바라보아야 합니다. 그런 의미에서 저는 내담자를 만날 때마다 감사함과 두려움을 함께 느낍니다.

우리는 모두 한때 '방황'의 시간을 경험합니다. 그것은 때로는 자발적인 선택이기도 하고, 때로는 어쩔 수 없는 상황이기도 합니다. 누군가는 고시원에서, 누군가는 작은 원룸에서, 또 누군가는 번화가 한복판의 사무실에서 자신만의 방황을 경험합니다. 겉으로는 움직이는 것처럼 보이지만, 실제로는 제자리걸음을 하고 있다고 느끼는 시간. 그 시간은 누구에게나 찾아오지만, 아무에게도 쉽게 털어놓을 수 없는 시간이기도 합니다.

이 책은 동서양의 민담과 신화를 통해 인간 경험의 보편성을 탐색합니다. 서로 다른 문화적 배경을 가진 이야기들이 어떻게 유사한 심리적 진실을 담고 있는지, 그리고 그 지혜가 현대를 살아가는 우리에게 어떤 의미가 있을 수 있는지 살펴볼 것입니다.

첫 번째 장에서는 '결핍과 불완전함'을 이야기합니다. 고슴도치 한스와 반쪽이의 이야기를 통해 우리는 자신의 불완전함을 받아들이는 용기, 그리고 그 결핍이 오히려 새로

들어가며 13

운 가능성의 시작이 될 수 있음을 살펴봅니다. 두 번째 장에서는 '관점의 전환'을 다룹니다. 오딘이 한쪽 눈을 희생하고 세계수에 매달린 것과 환웅이 하늘에서 내려와 인간 세계를 경험한 것처럼, 때로는 우리도 완전히 다른 시각으로 세상을 바라봄으로써 더 깊은 통찰을 얻을 수 있습니다. 세 번째 장에서는 '버려짐과 치유'를 이야기합니다. 아리아드네와 바리데기의 이야기를 통해, 우리는 상처와 버려짐의 경험이 어떻게 더 깊은 치유와 성장의 기회가 될 수 있는지 함께 고민해볼 것입니다.

각 장의 뒷부분에서는 실제 상담 사례를 통해 이러한 여정이 현실에서 어떻게 펼쳐지는지 살펴봅니다. 특히 한 소녀의 이야기를 중심으로, 우리 시대의 청년들이 겪는 방황과 성장의 과정을 자세히 들여다보게 될 것입니다. 그 소녀에게 이름을 붙여 주었습니다. '라빈'입니다. 미로 속에서 길을 잃고 헤맸지만, 꿈속에서 길을 찾은 소녀입니다. 라빈은 한스와 반쪽이처럼 자신의 결핍감과 씨름했고, 오딘과 환웅처럼 세상을 바라보는 관점의 전환을 경험했으며, 아리아드네와 바리데기처럼 버려짐의 상처를 치유의 원천으로 변화시켰습니다.

14 꿈이 답하다

이 책은 지금 방황하고 있는 이들에게 보내는 기록입니다. 길을 잃고, 자신의 불완전함에 좌절하며, 버려짐의 아픔을 경험한 이들에게 꿈의 기록을 전달합니다. 여기에서 다루는 이야기들은 인류의 꿈의 기록이기도 합니다. 좌절하고 아파하는 시간이 바로 더 깊은 자기 이해와 성장이 시작되는 순간일 수 있음을 알아차리고 길 찾기를 시작해 보시면 좋겠습니다.

– 당신의 마음들을 단단히 잠그는 묘한 이야기 –

1장
굳게 잠겨 풀려나올 수 없는 이야기

"인간은 노력하는 한 방황한다."

- 괴테 (Johann Wolfgang von Goethe) -

우리 인생은 종종 미로와도 같습니다. 어느 길로 가야 할지, 어떤 선택을 해야 할지 막막할 때가 많아요. 하지만 길을 잃는다는 것, 방황한다는 것은 사실 누구에게나 찾아오는 자연스러운 과정입니다. 중요한 건 길을 잃었다는 사실 자체가 아니라, 그 속에서 우리가 어떤 자세로 새로운 길을 모색하고 나아가느냐 하는 것이죠.

길을 잃는다는 것은 인류의 가장 오래된 경험 중 하나입니다. 오래전 인류는 별자리를 보며 방향을 찾았고, 산의 능선을 따라 이동했으며, 강줄기를 따라 문명을 일구었습니다. 그것은 생존이었고, 도전이었으며, 때로는 새로운 발견의 시작이었습니다.

현대 사회에서 우리는 더 이상 실제로 길을 잃을 일이 많지 않습니다. GPS가 있고, 스마트폰이 있으며, 언제든 현재 위치를 확인할 수 있는 수많은 도구가 있습니다. 하지만 역설적으로, 우리는 그 어느 때보다도 자주 '길을 잃었다'라고 느낍니다. 진로에 대한 고민, 인간관계의 혼란, 삶의 방향성에 대한 불확실성 등, 현대인들은 보이지 않는 미로 속에서 방황하고 있습니다.

인류의 위대한 이야기들은 대부분 '길 찾기'에 관한 것입니다. 오디세우스의 귀향 여정이 그러했고, 단테의 신곡에서 지옥과 연옥을 거쳐 천국에 이르는 여정이 그러했으며, 도로시가 오즈의 마법사를 찾아 떠난 여정 역시 마찬가지였습니다. 이러한 이야기들은 단순한 모험담이 아닙니다. 그것은 우리 모두의 내면에 존재하는 '길 찾기'의 여정을 상징적으로 보여주는 것입니다.

민담과 꿈, 인류의 집단적 지혜

민담에는 특이한 점이 있습니다. 그것은 작자가 없다는 것입니다. 전 세계의 민담들은 마치 자연스럽게 형성된 강줄기처럼, 인류의 역사 속에서 저절로 흘러왔습니다. 더 놀라운 것은 서로 다른 문화권에서 비슷한 이야기가 발견된다는 점입니다. 우리의 '콩쥐팥쥐'와 서양의 '신데렐라' 보세요.

이러한 현상을 어떻게 설명할 수 있을까요? 스위스의 정신분석가 카를 구스타프 융Carl Gustav Jung, 1875-1961)은 이를 '집단무의식collective unconscious'과 '원형archetype'이라는 개념으로 설명했습니다. 그의 이론은 민담과 꿈의 치유적 힘을 이해하는 데 중요한 열쇠를 제공합니다.

융은 프로이트의 제자였지만, 그와 결별하고 자신만의 독자적인 심리학 체계를 구축했습니다. 프로이트가 무의식을 개인의 억압된 욕망의 저장소로 보았다면, 융은 그보다 더 깊은 층위의 무의식이 존재한다고 주장했습니다. 그것이 바로 '집단무의식'입니다.

집단무의식이란 개인적 경험을 초월하여 모든 인간이 공유하는 심리적 기반을 의미합니다. 마치 우리 몸의 구조가 유전적으로 결정되듯이, 우리의 심리 구조도 어떤 보편적인 형태를 보인다는 것입니다. 이 패턴들이 바로 '원형'입니다.

원형은 특정한 상황이나 경험에 대한 보편적인 심리적

반응 패턴이라고 할 수 있습니다. 예를 들어 '영웅 원형'은 위험과 도전에 맞서 성장하는 여정을, '그림자 원형'은 우리가 인정하고 싶지 않은 자아의 측면을, '현자 원형'은 내면의 지혜와 통찰을 상징합니다. 이러한 원형들은 민담, 신화, 꿈속에서 구체적인 형태로 나타납니다.

융은 꿈이나 환상, 신화, 민담 등을 통해 집단무의식이 표출된다고 보았습니다. 이런 맥락에서 민담은 단순한 허구의 이야기가 아니라 인간 정신의 보편적 토대를 반영하는 산물이라 할 수 있습니다. 그래서 서로 다른 문화권에서도 유사한 이야기 구조와 모티프가 발견되는 것입니다.

민담 속 원형적 캐릭터와 모티프에 우리가 강하게 공감하는 이유도 여기에 있습니다. 민담은 우리 무의식 속에 잠재된 심리적 에너지를 자극하고 활성화합니다. 이를 통해 우리는 자신도 모르는 사이에 내면의 여정을 함께 하게 됩니다.

꿈, 무의식이 전하는 편지

프로이트는 꿈을 '무의식으로 통하는 왕립 도로Via Regia

zur Kenntnis des Unbewussten'라고 불렀습니다. 그에게 꿈은 억압된 욕망이 위장된 형태로 표현되는 통로였습니다. 그러나 융은 꿈의 역할을 이보다 더 넓게 이해했습니다. 융에게 꿈은 그저 욕망의 표현이 아니라 의식과 무의식의 균형을 맞추는 '보상적 기능'을 의미합니다. 즉, 우리의 의식이 너무 한쪽으로 치우치면, 꿈은 반대쪽 관점을 보여줌으로써 심리적 균형을 회복하도록 돕는다는 것입니다.

예를 들어, 지나치게 이성적이고 통제적인 삶을 사는 사람은 꿈에서 자유롭고 본능적인 이미지를 자주 볼 수 있습니다. 반대로 충동적이고 감정적인 사람은 꿈에서 질서와 구조를 상징하는 이미지를 접할 수 있습니다. 이는 우리 내면이 자신을 스스로 치유하고 전체성을 향해 나아가려는 자연스러운 경향을 보여줍니다.

꿈은 우리 내면의 가장 자연스러운 언어입니다. 그것은 이성과 논리가 지배하는 의식의 언어와는 다른 방식으로 작동합니다. 꿈은 이미지와 상징으로 이야기합니다. 누군가는 끝없는 계단을 오르는 꿈을 꾸고, 또 누군가는 낯선 미로를 헤매는 꿈을 꾸기도 합니다. 이런 이미지들은 우리의 무의식이 전하는 메시지입니다.

융은 이렇게 말했습니다. "무의식은 의식이 보지 못하는 것을 보고, 듣지 못하는 것을 듣습니다." 상담실에서 만난 한 청년의 이야기가 떠오릅니다. 그는 매일 밤 같은 꿈을 꾸었습니다. 시험장으로 가는 길을 찾지 못하는 꿈이었습니다. 처음에 그는 이를 단순히 시험에 대한 불안으로 여겼습니다. 하지만 상담이 진행되면서, 이 꿈이 전하는 더 깊은 메시지가 드러났습니다. 그것은 자신이 가야 할 길에 대해 거부하는 그의 마음을 보여주는 무의식의 신호였던 것입니다.

상징,
무의식의 언어

민담과 꿈의 가장 강력한 특징은 '상징'을 통해 말한다는 것입니다. 상징은 일상적인 언어로는 표현하기 어려운 복합적인 심리적 진실을 전달합니다. 융은 상징을 "의식적으로 완전히 파악할 수 없는 내용을 가장 잘 표현하는 방식"이라고 정의했습니다.

상징의 언어는 우리의 의식이 쉽게 받아들이지 못하는 진실을 전달합니다. 그것은 마치 거울처럼 우리의 내면을 비추지만, 그 방식은 직접적이지 않고 간접적입니다. 이는 우리의 방어기제를 우회하여 더 깊은 통찰을 가능하게 합니다.

민담 속 상징들도 이와 같은 방식으로 작동하는데, 특히 민담과 꿈에서 자주 등장하는 상징들은 보편적인 의미를 지닙니다. 예를 들어 물은 무의식, 감정, 정화, 생명력, 변화 등을 상징합니다. 강을 건너거나 바다를 항해하는 것은 심리적 변화와 성장의 과정을 나타냅니다. 숲은 무의식의 영역이나 자아를 찾아가는 여정을 상징합니다.

민담에서 주인공이 숲으로 들어가는 것은 자신의 내면 세계를 탐험하는 것을 의미합니다. 성, 탑, 집은 자아나 완성된 인격을 상징할 수 있습니다. 집이 무너지거나 성으로부터 추방되는 꿈은 자아 정체성의 위기를 나타낼 수 있습니다. 동물들은 각각 특별한 상징성을 가지고 있습니다. 사자는 용기를, 독수리는 통찰을, 뱀은 변화와 지혜를 상징합니다.

그러나 중요한 것은 같은 상징이라도 그것이 나타나는 맥락과 개인에 따라 다른 의미가 있을 수 있다는 점입니다. 따라서 상징을 해석할 때는 그것이 특정 개인의 삶과

어떻게 연결되는지, 어떤 감정과 연관되는지를 고려해야
합니다.

치유로서의 이야기

이야기는 인간 경험의 가장 자연스러운 표현 방식입
니다. 정신분석가 클라리사 핑콜라 에스테스(Clarissa
Pinkola Estés, 1945~)는 "이야기는 치유의 약"이라고
했습니다. 상담실에서 만나는 많은 사람들은 자신의 이야
기를 들려주면서 비로소 자기 경험을 이해하기 시작합니
다. 파편처럼 흩어져 있던 기억들이 하나의 의미 있는 이
야기로 엮일 때 우리는 새로운 통찰을 얻게 됩니다.

민담이 가진 특별한 힘은 '가능성'을 보여주는 데 있습
니다. 주인공들은 항상 어려움에 처하지만, 그 과정에서
예상치 못한 조력자를 만나거나 자신도 몰랐던 내면의 힘
을 발견합니다. 이는 단순한 낙관론이 아닙니다. 그것은 우
리 안에 있는 변화의 가능성, 새로운 시작의 가능성을 일
깨웁니다.

현대 심리치료에서는 '서사 치료 narrative therapy'라는 접
근법이 있습니다. 이는 자기 삶을 하나의 이야기로 재구성

26 꿈이 답하다

함으로써 치유를 도모하는 심리치료 기법입니다. 우리가 자기 경험을 어떤 이야기로 엮어내는지에 따라 그 경험의 의미와 정서적 영향이 달라질 수 있다는 것이 서사 치료의 기본 전제입니다.

민담 또한 삶을 바라보는 새로운 시각을 열어줌으로써 치유의 경험을 제공할 수 있습니다. 주인공의 여정에 자신을 투사하는 과정에서 우리는 내면의 어려움과 잠재력을 동시에 만나게 됩니다. 민담은 우리에게 고난을 견디는 힘과 변화의 가능성을 일깨워줍니다.

특히 융은 '적극적 명상active imagination' 기법을 통해 무의식과 소통할 것을 강조했습니다. 이는 꿈이나 상상, 또는 민담 속 이미지에 자신을 투사하여 그 이미지와 대화를 나누는 방법입니다. 이 과정에서 우리는 무의식의 메시지를 보다 능동적으로 수용하고 통합할 수 있게 됩니다.

민담과 신화는 우리에게 이런 적극적 명상의 공간을 제공합니다. 이야기를 접하며 우리는 주인공과 함께 좌절하고 고민하며 깨달음을 얻습니다. 이는 곧 자기 내면을 탐색하고 받아들이는 경험이 됩니다. 민담과 신화가 주는 위로와 통찰을 통해 우리 안에 치유의 씨앗을 심어줍니다

1장 길을 잃고 찾아가는 이야기 27

2장
고등로자 형수자 만족이
- 가치의 만족의 이야기 -

"겨울이 오면, 봄도 멀지 않으리."

- 퍼시 비시 셸리(Percy Bysshe Shelley)-

길을 잃었다는 것은 단순히 방향을 상실했다는 의미를 넘어섭니다. 그것은 때로는 기존의 모든 것을 내려놓고 홀로 머물러야 하는 시간을 의미하기도 합니다. 이제 우리는 독일 민담 '고슴도치 한스'와 한국의 '반쪽이' 이야기를 통해, 이런 '머무름'의 시간이 가진 깊은 의미를 살펴보려 합니다.

두 이야기의 여정 | 한스와 반쪽이

고슴도치 한스의 이야기

옛날 옛적, 부유한 농부 부부가 살았습니다. 그들은 넓은 농장과 재산이 많이 있었지만 가장 소중한 것 하나가 없었습니다. 바로 자식이었죠. 해가 갈수록 부부의 마음은 더욱 쓸쓸해졌고, 특히 농부는 매일 밤 한숨을 쉬며 중얼거렸습니다.

"아이가 있었으면…. 비록 고슴도치처럼 가시투성이라해도 상관없으니, 제발 하늘이 우리에게 자식을 점지해 주었으면…."

그의 간절한 기도는 결국 하늘에 닿았나 봅니다. 어느날 부인이 임신하게 되었고, 드디어 아기가 태어났습니다. 하지만 그들이 본 것은 상상도 못 했던 모습이었습니다.

32 꿈이 답하다

아기의 윗부분은 고슴도치처럼 가시로 덮여 있었고, 아랫부분만 사람의 모습을 하고 있었던 것입니다. 충격을 받은 부인은 눈물을 흘리며 남편을 책망했습니다.

"당신이 매일 밤 그런 말을 해서 저주가 내린 거예요! 이제 어쩌면 좋아요?"

하지만 어쩔 수 없었지요. 아기는 '한스'라는 이름을 갖게 되었습니다. 한스를 키우는 일은 절대 쉽지 않았어요. 가시 때문에 어머니는 아기에게 젖을 물릴 수도 없었고, 결국 그들은 한스를 난로 뒤편 짚 더미에 눕혀둘 수밖에 없었습니다. 그곳이 한스의 유일한 거처가 되었습니다. 차가운 바닥에 깔린 짚 더미 위에서 한스는 홀로 지내야 했고, 난로의 따뜻한 온기만이 그의 친구였습니다. 아무도 그를 안아주거나 쓰다듬어줄 수 없었어요.

그는 다른 아이들처럼 부모의 무릎에 앉아 사랑받을 수도 없었습니다. 부모는 멀리서 지켜보기만 할 뿐, 가까이 다가가지 못했습니다. 아버지는 매일 밤 한스가 죽기를 바라며 잠자리에 들었습니다. 한스의 세상은 난로의 온기와 짚 더미로 이루어진 좁은 공간뿐이었습니다. 그렇게 살아간 지 8년이 지났습니다.

2장 고슴도치 한스와 반쪽이 33

어느 날 마을에 큰 축제가 열렸습니다. 신나는 음악 소리와 사람들의 웃음소리가 한스가 있는 곳까지 들려왔습니다. 한스는 처음으로 자신의 의지를 표현했습니다.

"아버지, 제 수탉에 편자를 박아주세요. 저도 세상 구경을 하고 싶습니다."

아버지는 한스가 떠나기를 바라는 마음에 기꺼이 그의 요청을 들어주었습니다. 대장장이를 불러 수탉의 발에 편자를 박아주었어요. 한스는 그 특이한 탈것을 타고 숲으로 떠났습니다.

숲속에서 한스는 자신만의 왕국을 만들어갔습니다. 그는 돼지와 당나귀들을 모아 키우기 시작했어요. 시간이 흐르면서 그의 가축들은 크게 번성했습니다. 한스는 높은 나무 위에 자신의 보금자리를 만들고, 수탉을 타고 가축들을 돌보며 평화로운 나날을 보냈습니다.

수년이 지난 어느 날, 한 왕이 사냥을 나왔다가 이 깊은 숲에서 길을 잃고 말았습니다. 왕은 사방을 헤매다 이상한 피리 소리를 들었어요. 그 소리를 따라가 보니 고슴도치 소년 한스가 있었지요. 왕은 한스의 모습을 보고 무척 놀랐어요. 하지만 한스는 길 잃은 왕을 도와주겠다고 하면서 한 가지 조건을 내세웠어요. 무엇이든 말해 보라는 왕에게 한스는 이렇게 말했습니다.

"제가 성으로 찾아가면 폐하의 첫째 딸과 결혼하게 해 주십시오."

왕은 일단 약속은 했지만, 속으로는 다른 마음을 가졌지요.

'이런 괴물과는 절대로 내 딸을 결혼시키지 않을 것이다.'

성에 무사히 도착한 뒤에 왕은 약속을 깨고 돌아섰습니다. 깊은 상처를 입은 한스는 다시 숲으로 돌아가야 했습니다.

이후 한스는 다른 왕국의 왕을 만나게 되었습니다. 이 왕은 달랐습니다. 그는 고슴도치의 모습을 한 한스를 보고도 겁먹거나 속이려 하지 않았습니다. 대신 진지하게 생각한 후 답했습니다.

"좋다. 네가 나를 성까지 무사히 데려다준다면, 내 약속을 지키겠다."

한스는 왕을 성까지 안전하게 안내했고, 왕은 자신의 약속을 지키기로 마음먹었습니다. 왕이 공주에게 사정을 말하자 공주가 말했죠.

2장 고슴도치 한스와 반쪽이 35

"그가 어떤 모습이든, 저는 그를 있는 그대로 받아들이고 사랑하겠습니다."

한스가 고슴도치의 모습을 하고 있다는 것에 개의치 않았고, 그의 진정한 마음을 보았던 것이지요. 공주가 말을 마치자마자 놀라운 일이 일어났습니다. 갑자기 한스의 몸이 밝은 빛으로 둘러싸였고, 그의 고슴도치 가시가 하나둘씩 빛나다가 사라지기 시작했습니다. 그의 온몸을 덮고 있던 가시들이 반짝이는 금빛 먼지가 되어 공중으로 흩어지며 거친 털은 부드러운 금발로 변했고 딱딱했던 피부는 매끄러운 살결로 바뀌었습니다. 멋진 왕자의 모습으로 변신한 그의 눈에는 여전히 그동안의 고독과 슬픔이 깃들어 있었지만, 새로운 희망과 기쁨 또한 빛나고 있었습니다.

공주는 감동의 눈물을 흘리며 한스에게 다가가 처음으로 따뜻하게 포옹해 주었습니다. 그들의 진정한 사랑이 한스를 묶고 있던 오랜 저주를 마침내 풀어준 것입니다.

공주와 결혼식을 올린 한스는 고향 마을로 돌아갔습니다. 그는 늙어버린 아버지를 찾아가 화해를 청했고, 아버지는 아들의 용서를 구했습니다. 한스는 관대한 마음으로 아버지를 용서한 뒤 숲에서 모은 재산을 마을 사람들에게 나누어주었습니다.

그 후 한스는 두 번째 공주와 함께 그녀의 왕국으로 돌아가 살았습니다. 그는 더 이상 고슴도치의 모습을 하고 있지 않았고, 숲속에서 외롭게 살지 않아도 되었습니다. 한스와 공주는 서로를 진심으로 사랑하며 왕국을 지혜롭게 다스렸습니다. 이렇게 고슴도치 한스는 진정한 사랑을 통해 저주에서 풀려나 진정한 자기 모습을 찾게 되었고, 그의 이야기는 겉모습이 아닌 진실한 마음의 중요성을 가르쳐주는 교훈으로 오랫동안 전해지게 되었답니다.

두 이야기의 여정 | 한스와 반쪽이
반쪽이의 이야기

옛날 어느 마을에 아이를 간절히 원하는 부부가 살고 있었습니다. 어느 한겨울 날, 한 스님이 시주를 청하며 집을 찾아왔습니다. 부인은 마지막 남은 쌀까지 내어주며 정성을 다했습니다. 부인의 태도에 감동한 스님은 오이 세 개를 건네며, 이 오이를 모두 먹으면 아들 삼 형제를 낳게 될 것이라고 하였습니다. 그러고 나서 스님은 갈 길을 갔지요.

집에 남은 부인은 오이를 먹기 시작했는데, 오이 두 개를 먹었을 때 사냥에서 돌아온 남편과 마지막 오이를 함께 나누어 먹었습니다. 스님의 말대로 부인은 아들 삼 형제를 낳았는데, 큰아들과 둘째는 온전했지만, 막내는 몸의 절반만 있었습니다. 사람들은 그를 '반쪽이'라고 불렀습니다.

반쪽이는 한쪽 다리로 깡충깡충 뛰어다니고, 한쪽 눈으로 세상을 바라보며 자랐습니다. 마을 사람들은 그를 보며 혀를 찼습니다.

"저런 기형아가 어떻게 살아갈까?"

"반쪽밖에 없는데 무엇을 할 수 있겠나?"

심지어 두 형들도 반쪽이를 부끄러워했습니다. 온전한 몸을 가진 형들에게 반쪽이는 늘 눈엣가시 같은 존재였습니다. 하지만 반쪽이는 용기를 잃지 않았습니다. 그는 다른 사람들보다 두 배로 노력했고, 한쪽 다리로도 빠르게 달릴 수 있었으며, 한쪽 팔로도 능숙하게 일을 해냈습니다. 놀랍게도 그의 힘은 형들보다도 세고 재주도 뛰어났습니다.

그런데 뛰어난 사냥꾼이었던 아버지가 어느 날 거대한 호랑이에게 물려 죽고 말았습니다. 두 형은 분노에 차서 아버지의 원수를 갚겠다고 하였습니다. 어머니가 두 아들의 사냥 솜씨를 시험해 보았는데, 아버지 못지않게 뛰어났습니다. 어머니의 허락을 받은 두 형이 아버지를 죽인 호랑이를 잡겠다고 집을 나섰는데, 반쪽이도 함께 가겠다며 따라나섰습니다.

2장 고슴도치 한스와 반쪽이 **39**

하지만 형들은 달가워하지 않았습니다.

"너는 반쪽밖에 안 되는 데 무슨 도움이 되겠느냐?"

형들은 우악스럽게도 반쪽이를 커다란 정자나무에 묶어 놓았습니다. 하지만 반쪽이는 그 거대한 나무를 뿌리째 뽑아 집으로 가져가 마당에 심어 놓았습니다.

"형님들이 그늘집을 만들라고 보내주셨습니다."

반쪽이가 다시 쫓아오자 형들은 반쪽이를 너럭바위에 묶어놓고 갔습니다. 반쪽이는 그 바위를 들어서 집 마당에 놓았습니다.

"형님들이 편히 앉으라고 보내주신 것입니다."

형들은 반쪽이의 놀라운 힘을 목격하고서도 여전히 그를 무시했습니다. 하지만 결국 삼 형제는 함께 길을 떠났습니다.

삼 형제는 호랑이가 사는 골짜기 입구의 팥죽 장수 할머니 집에서 하룻밤을 묵게 되었습니다. 할머니가 말했습니다.

"그 호랑이는 낮에는 아름다운 여인으로 변신하여 사냥꾼들을 유혹한 뒤 잡아먹습니다. 하지만 밤에 잘 때 입김을 불면 본 모습을 드러냅니다."

삼 형제는 할머니의 말을 듣고 호랑이가 잠들기를 기다
렸다가 용맹하게 호랑이를 물리쳤습니다. 형제가 아버지의
유골과 유품을 되찾아 정리하고 있는데, 할머니가 급히 다
가와 다른 호랑이가 삼 형제의 집을 노리고 있어 어머니가
위험하다고 알려주었습니다.

반쪽이는 짐을 챙겨 즉시 떠났습니다. 석 달 열흘 거리
인 집에 하룻밤 새에 도착한 반쪽이는 어머니를 위협하는
호랑이를 물리쳤습니다. 그리고 호랑이 가죽을 지붕과 울
타리에 널어 두었어요. 그것을 본 아랫마을의 부유한 김
동지가 욕심이 났습니다.

김 동지는 반쪽이에게 자기 딸을 훔쳐 갈 수 있다면 사
위로 삼을 것이고, 만약 실패하면 호랑이 가죽을 모두 내
놓으라고 하였습니다. 그러고 나서 김 동지는 반쪽이가 올
때를 대비해서, 온 동네 사람들을 불러 집을 지키게 했습
니다.

그런데 반쪽이는 약속한 날 가지 않고, 대신 이, 벼룩,
빈대를 한 대롱씩 잡아 사흘 연속으로 김 동지 집에 풀어
놓았습니다. 넷째 날 밤, 벌레들 때문에 지친 사람들이 모
두 깊이 잠들었을 때 반쪽이가 나타났습니다. 그는 지키

2장 고슴도치 한스와 반쪽이 41

는 사람들의 머리를 담이나 문에 묶어놓고, 김 동지 부인
에게는 성냥을 쥐여주고, 김 동지의 수염에는 황을 발라놓
았습니다. 그리고 벌레들을 풀어 김 동지의 딸이 마당으로
나오게 한 뒤, 크게 소리쳤습니다.

"김 동지! 약속대로 따님을 데려갑니다!"

그리고는 그녀를 업고 나갔습니다. 사람들이 놀라 깨어
나 우왕좌왕하는 사이, 김 동지의 수염에는 불이 붙어 일
대 소동이 벌어졌습니다. 반쪽이는 김 동지의 딸을 마을
어귀에 내려놓고 집으로 데려다주었습니다. 그리고 김 동
지에게 딸과 혼인하겠다고 했습니다.

김 동지는 반쪽이의 놀라운 솜씨를 보고는 놀랐지만,
몸의 반쪽밖에 없는 모습 때문에 선뜻 대답하지 못했습니
다. 그때 김 동지의 딸이 나서서 혼인하겠다고 하였습니다.
김 동지의 딸이 혼인을 승낙하자마자 갑자기 반쪽이의 몸
에서 환한 빛이 났습니다. 반쪽이는 뒤꼍으로 들어가 얼굴
껍질을 한 겹 벗겨냈습니다. 그러자 온전하고 멀쩡한 미남
자로 변해 있었습니다.

벗은 허물을 들고나온 반쪽이를 본 사람들이 모두 놀랐
습니다. 반쪽이가 말했습니다.

42 꿈이 답하다

"나는 원래 천상의 선관이었는데 잠깐 죄를 지어 흉한 허물을 썼다가, 이제 기한이 차서 원래 모습을 나타낸 것입니다."

김 동지는 기꺼이 딸을 시집보냈고, 재산도 반을 나누어 주었습니다. 석 달 열흘 만에 돌아온 두 형은 완전한 모습이 된 동생을 보고 놀랐지만, 반쪽이는 그저 웃기만 했습니다. 그 후 반쪽이는 급제까지 해서 벼슬도 하고, 삼 형제는 어머니와 함께 잘 먹고 잘 살았답니다.

불완전함의 풍경,
결핍이 들려주는 이야기

민담은 인류의 집단적 지혜를 담은 이야기의 그릇입니다. 인간의 보편적인 심리와 경험을 상징적 언어로 표현한 지혜의 결정체라고 할 수 있지요. 우리가 어렸을 때부터 즐겨 듣던 이야기들은 실은 우리의 마음을 정확하게 비추는 거울이었습니다. 특히 우리가 살면서 겪는 어려움과 성장의 순간들을 섬세하게 포착해 내지요.

한스와 반쪽이 이야기는 표면적으로는 매우 다르지만, 그 심층에는 공통점이 있습니다. 두 주인공 모두 온전하지 않은 상태로 세상을 마주하고 있습니다. 그들의 불완전함은 신체적 결함뿐만 아니라 깊은 심리적 상태의 상징을 담고 있습니다.

고슴도치의 가시,
세상과 자신 사이의 벽

고슴도치는 동서양 문화 모두에서 풍부한 상징적 의미를 지닙니다. 서양의 그리스-로마 전통에서 고슴도치는 지혜와 예지의 상징이었습니다. 아리스토텔레스는 고슴도치가 계절의 변화를 미리 감지한다고 기록했으며, 플리니우스는 고슴도치가 과일을 가시에 꽂아 운반하는 영리함을 묘사했습니다. 중세 유럽에서는 고슴도치가 자기보존의 상징으로 귀하게 여겨졌으며, 베살리우스와 같은 의학자들은 고슴도치의 방어기제를 인간의 자기 보호 본능에 비유했습니다.

중국 고전 '산해경(山海經)[1]'에서도 고슴도치를 '위(蝟)[2]'라 부르며 지혜와 신중함의 상징으로 묘사했는데, 한국의 민간신앙에서는 고슴도치가 집안의 액운을 막아주는 수호신적 존재로 여겨지기도 했습니다. 그런가 하면 일본 전통에서는 '하리네즈미(針鼠)[3]'라 불리며 자기 수양과 인내의 덕목을 상징했습니다.

그 단순한 외양과는 달리, 꽤 다양한 의미를 상징하고 있어요. 하지만 고슴도치, 하면 우선 온몸을 덮고 있는 가시에 주목하지 않을 수 없지요? 한스가 온몸에 가시가 가득한 고슴도치의 모습을 한 것은 심리학적으로는 그에게 연약한 내면을 보호하기 위한 심리적 면역체계를 갖추고 있었던 것으로 해석할 수 있습니다. 고슴도치의 가시는 외부의 적을 공격하기 위한 무기는 아니지요. 그보다 위협을 감지했을 때 자기 몸을 보호하기 위해 자동으로 펼쳐지는 것입니다. 우리의 심리도 이러한 방어기제를 갖추고 있어요. 일종의 면역체계와 같지요. 그러나 이 면역체계는 종종 과민하게 반응하기도 해요. 그래서 외부의 온기조차 거부하게 만들기도 합니다.

그것은 '자기 보호의 역설'을 보여줍니다. 지나친 자기 보호가 오히려 성장과 치유에 필요한 관계와 경험까지 차단하는 것입니다. 마치 면역체계가 과민해져 자기 세포까지 공격하는 자가면역질환처럼, 과도한 심리적 방어는 결국 자신을 고립시키고 상처 입히게 됩니다.

현대인들의 삶에서 이 '고슴도치 상태'는 다양한 형태로 나타납니다. 우리는 상처받을 것을 두려워하여 친밀한 관계를 회피합니다. 거절당할 것이 두려워 우리의 진짜 생각과 감정을 표현하지 못합니다. 실패할 것이 두려워 새로운 도전을 피합니다. 비판받을 것이 두려워 완벽한 모습만을 보여주려 합니다. 이런 방어적인 삶은 우리를 안전하게 지키는 듯하지만, 동시에 우리의 성장과 진정한 연결을 방해합니다.

소셜미디어 시대에 우리는 더욱 정교한 '가시'를 발달시켰습니다. 디지털 세계에서 우리는 완벽하게 편집된 삶을 보여주고, 우리의 실패와 상처, 불안과 두려움은 철저히 감춥니다. 이런 가면 뒤에서 우리는 점점 더 고립되고, 자신의 진정한 모습과 단절됩니다. 마치 한스가 난로 앞 짚더미에 8년 동안 갇혀 있었던 것처럼, 우리도 자신이 만든 보호막 안에 갇혀 있습니다.

이 상태는 대인관계의 문제를 넘어, 자기 자신과의 관계에도 영향을 미칩니다. 우리는 자기 내면에서 일어나는 불편한 감정이나 생각을 인식하고 받아들이는 것조차 두려워합니다. 우리는 자신의 그림자, 약점, 상처로부터도 자신을 스스로 보호하려 합니다. 그러나 역설적으로, 이런 자기 보호는 자기 이해와 성장을 방해합니다.

반쪽이,
분열된 자아와 잃어버린 조화

반쪽이의 상태는 동양 사상의 핵심 개념인 음양(陰陽)과 깊은 관련이 있습니다. 음양은 우주의 모든 현상을 설명하는 상호보완적 원리입니다. 중국 고전 '주역(周易)[4]'에서는 음양이 끊임없이 순환하며 변화하는 우주의 기본 법칙으로 묘사됩니다.

음(陰)은 어둠, 수동성, 내향성, 수용성, 여성성, 물, 달과 연관되며, 양(陽)은 빛, 능동성, 외향성, 창조성, 남성성, 불, 태양과 연관됩니다. 중요한 것은 이 두 원리가 서로 대립하는 것이 아니라 상호의존적이라는 점입니다. 태극도(太極圖)[5]에서 볼 수 있듯이 음 속에는 양의 씨앗이 있고 양 속에는 음의 씨앗이 있습니다. 그 둘의 조화가 무척 중요하게 여겨지지요.

'반쪽이'는 이름 그대로 '반쪽' 상태, 즉 음양의 균형이 깨진 상태를 상징합니다. 동양 의학에서는 건강이 음양의 조화에서 비롯된다고 보며, 음이 지나치거나 양이 지나치면 질병이 발생한다고 봅니다. 마찬가지로 심리적 건강도 내면의 다양한 측면들이 조화롭게 통합될 때 가능합니다.

또한 이 '반쪽' 상태는 일면성과 연결됩니다. 융은 건강한 심리 발달이 의식과 무의식, 이성과 감성, 남성성과 여성성 등 상반된 요소들의 균형과 통합을 통해 이루어진다고 보았습니다. 그러나 많은 사람이 자신의 일부만을 발달시키고 나머지는 억압하거나 부정하는 '일면적' 상태로 살아갑니다.

현대 사회에서 이런 심리적 '반쪽' 상태는 여러 모습으로 우리 삶에 스며들어 있습니다. 우리는 이성을 숭배하면서 감정을 무시합니다. 지식과 정보를 추구하면서 지혜와 통찰은 경시합니다. 외적 성취와 인정을 쫓으면서 내적 충만함과 평화는 뒤로 미룹니다. 물질적 풍요를 누리면서 영적 가난함을 느낍니다. 디지털 연결은 늘어나지만 진정한 인간적 유대는 줄어듭니다.

이런 분열은 우리 내면에서도 일어납니다. 우리는 자신의 강점과 성공만을 인정하고, 약점과 실패는 부정합니다. 밝고 긍정적인 감정은 표현하고, 어둡고 부정적인 감정은 억압합니다. 이와 같은 내적 분열은 깊은 불균형과 불안정을 초래합니다.

디지털 시대의 삶은 이런 분열을 더욱 심화시킵니다. 우리는 소셜미디어에서 완벽하게 편집된 자아를 구축하며, 실제 삶의 복잡성과 모순은 감춥니다. 이 간극이 커질수록 우리는 자신이 진정한 자신이 아닌 것 같은, 어딘가 가짜라는 느낌에 시달립니다. 이는 가면 증후군[6]과도 연결됩니다.

흥미로운 것은 반쪽이가 자신의 '반쪽' 상태에도 불구하

2장 고슴도치 한스와 반쪽이 49

고, 오히려 '온전한' 형들보다 더 큰 힘을 발휘한다는 점입
니다. 그처럼 자신의 한계와 불완전함을 인정하고 받아들
이는 것이 오히려 내면의 잠재력을 활성화할 수 있음을 보
여줍니다. 반쪽이는 자신의 상태를 부끄러워하거나 숨기지
않고, 불완전한 모습을 수용하며 자신만의 독특한 강점을
발견합니다.

난로에서의 8년, 내면의 따뜻함을 키우는 시간

한스의 이야기에서 가장 주목해야 할 부분은 그가 난로
앞에서 보낸 8년의 세월입니다. 이 '8년'이라는 구체적인
숫자는 깊은 상징적 의미를 담고 있습니다. 융 심리학에서
는 4가 현실의 완성과 전체성을 상징하는 중요한 숫자입니
다. 4는 사방위, 사계절, 사원소 등 자연과 우주의 기본 구
조를 반영하며, 융은 이를 '사원성quaternity'이라는 개념
으로 발전시켜 심리적 통합의 상징으로 보았습니다. 8은
4의 두 배로서, 한 차원 더 높은 통합과 변환의 과정을 암
시합니다.

새로운 차원으로의 도약은 곧 기존 자아의 죽음과 새로

운 자아의 탄생을 의미할 수 있습니다. 기독교 전통에서도 8은 7일간의 창조를 넘어선 '제8일'로서 부활과 새 생명의 상징으로 여겨졌습니다. 한스의 8년은 이처럼 내면의 죽음과 재탄생, 그리고 더 높은 차원의 통합을 위한 준비 시간이었다고 볼 수 있습니다.

그런데 한스가 그 8년의 세월을 난로 앞에서 보냈어요. 난로는 인류 문명의 근간이 된 '불'을 담고 있는 그릇입니다. 인류 역사에서 불의 발견은 문명 발전의 결정적 전환점이었는데, 난로는 자연의 위협적인 불을 인간의 삶에 유익한 형태로 길들인 결과물입니다. 외부의 추위와 어둠으로부터 보호해주는 안전한 공간, 그리고 그 중심에 있는 따뜻한 불은 심리학적으로 깊은 의미를 지닙니다.

바슐라르는 그의 저서 『불의 정신분석』에서 난로의 불이 물리적 온기의 의미를 넘어 심리적 안정과 내면의 따뜻함을 상징한다고 보았습니다. 그에게 난로는 '집의 영혼'이자, 모성적 보호와 양육의 상징이었습니다. 난로 앞에서 느끼는 따뜻함은 우리의 가장 원초적인 안전감과 연결되어 있습니다.

한스가 난로 앞에서 8년을 보냈다는 것은 자신에 대해

따뜻함을 내재화하는 과정, 즉 건강한 모성적 사랑을 자기 내면에 형성하는 시간이었습니다. 비록 그의 실제 부모는 그를 제대로 사랑하지 못했지만, 난로의 온기는 그에게 조건 없는 수용과 따뜻함을 제공했습니다. 이를 통해 한스는 자기 내면에서 불씨를 살려내고, 자신을 향한 신뢰와 사랑을 키울 수 있었습니다.

그런 내면의 따뜻함은 외부에서 주어지는 것이 아니라, 자기 자신과의 관계 속에서 발달합니다. 심리학자 도널드 위니콧은 이를 '혼자 있는 능력capacity to be alone'이라고 불렀습니다. 이것은 진정한 자기 자신과 관계 맺는 능력으로, 외로움과는 전혀 다른 개념입니다. 한스의 8년은 바로 이런 '혼자 있는 능력'을 발달시키는 시간이기도 했습니다. 그 시간을 통해 한스는 자기 자신을 발견하고, 내면의 목소리에 귀 기울이며, 자신의 독특한 존재 방식을 수용하는 법을 알아차릴 수 있었습니다. 그가 8년 후에 "제 수탉의 발에 편자를 박아주세요. 저도 세상 구경을 하고 싶습니다."라고 말할 수 있었던 것은 바로 이 내면의 견고함과 자기 신뢰가 있었기 때문입니다.

불과 난로의 상징성은 현대인의 삶에서도 깊은 의미를

지닙니다. 우리는 종종 자신의 '내면의 난로'를 잃어버린 채 살아갑니다. 자기 자신을 향한 따뜻함과 신뢰를 잊고, 끊임없이 외부의 인정과 성취만을 추구합니다. 그 결과 내면은 점점 차가워지고, 자기 자신과의 관계는 메말라갑니다. 내면의 난로를 회복한다는 것은 자기 자신을 따뜻하게 대하는 법을 배우는 것입니다. 실패와 좌절 앞에서도 자신을 비난하지 않고, 오히려 더 깊은 이해와 수용으로 품어주는 것입니다. 이것은 타인에게서 오는 것이 아니라, 오직 자기 자신과의 진정한 관계에서 발달하는 능력입니다.

상담실에서 만난 한 내담자는 이런 맥락의 의미를 생생하게 보여주었습니다. 그는 사회적으로 성공한 40대 남성이었지만 늘 자신이 충분하지 않다는 느낌에 시달렸습니다. 어린 시절 엄격한 부모 아래에서 성장한 그는 자신을 스스로 인정하고 사랑하는 법을 배우지 못했고, 항상 외부의 성취를 통해 자기 가치를 증명하려 했습니다.

상담 과정에서 그는 자신을 향한 따뜻한 마음을 키워나가기 시작했습니다. 그는 자신과 대화하고 자신을 이해하는 법을 배웠습니다. 시간이 지남에 따라 그는 외부의 인정 없이도 자신의 가치를 느낄 수 있게 되었고, 이전보다 더 진정성 있고 만족스러운 삶을 살게 되었습니다. 내면 작업을 통해 그의 내면의 자기 사랑과 신뢰를 키울 수 있었던 것입니다.

한스의 이야기에서 놓치면 아쉬운 부분이 있는데요, 그가 길을 떠날 때 함께 데리고 간 수탉이 그것입니다. 융 심리학에서 수탉은 의식성의 중요한 상징입니다. 수탉의 울음은 긴 어둠의 시간을 끝내고 새로운 날의 시작을 알리죠. 무의식의 어둠에서 의식의 빛으로 전환되는 순간, 우리의 내면에 각성이 일어나는 시간을 의미합니다. 우리 전통에서도 수탉은 특별한 의미를 지녔습니다. 결혼식 상에 닭을 올려놓던 풍습은 새로운 시작과 각성의 시간을 기념하는 의식이었습니다. 어둠 속에서 새벽을 알리는 수탉의 기운이 신랑·신부의 새 삶을 밝게 만들기를 기원하는 마음이 담겨 있었죠.

중요한 것은 수탉의 울음이 우리가 억지로 만들어내는 것이 아니라는 점입니다. 새벽이 오면 수탉은 저절로 울음을 터뜨립니다. 우리의 내면 변화도 이와 같습니다. 때가 무르익으면 자연스럽게 찾아오는 것이죠. 우리가 할 일은 그 울음소리를 알아차리고 받아들이는 것뿐입니다. 한스도 8년의 세월을 채운 후에야 비로소 수탉과 함께 떠날 준비가 되었습니다. 그 시간을 서두를 수도, 늦출 수도 없었습니다.

우리 삶에서도 이런 '수탉의 울음'이 있습니다. 깊은 침체기 끝에 문득 가슴을 울리는 책의 한 구절, 오랜 방황중에 만난 스승의 한마디, 미로 같은 삶 속에서 우연히 들은 노래 한 소절이 때로는 우리 내면의 어둠을 걷어내고 새로운 의식의 빛을 밝히는 수탉의 울음이 됩니다. 이 순간들은 계획할 수 없고, 강제할 수도 없습니다. 내면의 준비가 충분히 이루어졌을 때 자연스럽게 찾아오는 선물과도 같은 것입니다.

호랑이의 세 가지 얼굴, 원초적 힘과의 만남

반쪽이 이야기에서 호랑이는 세 번 등장합니다. 첫 번째 호랑이는 반쪽이의 아버지를 죽인 맹수였습니다. 두 번째는 어머니마저 위협하였지요. 세 번째는 결국 반쪽이에게 잡혀서 가죽으로 남았습니다. 반쪽이 이야기에서 나타나는 호랑이의 상징을 차례대로 풀어보면 인간과 원초적 본능 사이의 관계가 발전하는 단계를 볼 수 있습니다.

호랑이는 동서양 문화권에서 다양한 상징적 의미를 지닙니다. 서양에서 호랑이는 주로 두려움의 대상이자 정복해야 할 야생의 맹수로 여겨졌습니다. 그리스·로마 신화에서는 디오니소스의 수레를 끄는 동물로 등장하기도 하는데, 이는 호랑이가 가진 본능적 힘과 해방의 에너지를 상징합니다.

반면 동아시아, 특히 한국 문화에서 호랑이는 복합적인 상징으로 나타납니다. 호랑이는 산신(山神)의 화신으로 숭배되어 마을을 지키는 수호신이자 동시에 두려움의 대상이었습니다. 조선시대 민화에서는 호랑이가 익살스럽고 인간적인 모습으로 그려져 친근한 존재로 표현되기도 했지만, 동시에 날카로운 직관, 본능적 힘, 그리고 때로는 성급함과 충동성을 상징하기도 했습니다.

한국인에게 호랑이는 그저 무서운 동물 그 이상의 의미를 지닙니다. 한국 무속 신앙에서 호랑이는 산신의 사자(使者)로서 신성한 영역과 인간 세계를 연결하는 매개자 역할을 합니다. 특히 호랑이를 '산군(山君)', 즉 산의 주인이자 군주로 부르며 경외했는데, 호랑이로 상징되는 자연의 질서와 힘에 대한 존중을 잘 보여줍니다.

무섭지만 친근하고 멋있어 보이기도 한 동물이 호랑이 인데요, 그래서인지 한국 민담에서도 호랑이는 무척 자주 등장합니다. 이야기마다 매우 다양한 모습으로 나타나는 것 또한 호랑이의 매력이지요. 반쪽이 아버지를 죽인 맹수 호랑이처럼 때로는 사람을 해치는 위험한 존재로, 때로는 은혜를 갚는 의리 있는 존재로, 또 때로는 인간으로 변신 하기도 하는 신비로운 존재입니다. 이러한 호랑이의 다양 한 측면은 인간 내면의 리비도, 즉 원초적 생명 에너지와 그 변환 가능성을 보여줍니다. 이 에너지는 본능적이고 통 제되지 않은 상태에서는 파괴적일 수 있지만, 의식적으로 통합되면 엄청난 창조적 힘의 원천이 될 수 있습니다. 그 스펙트럼이 이야기 속에서 다양한 모습들을 만들어내는 것이라고 할 수 있습니다.

반쪽이 이야기에서 호랑이의 등장은 이 원초적 에너지 와의 관계 발전을 보여줍니다. 처음 아버지를 죽인 호랑이 는 통제 불가능한 파괴적 힘으로 나타납니다. 다음으로 어머니를 위협하는 또 다른 호랑이가 나타나는데요, 반쪽 이가 그 호랑이를 물리친 것은 그 위협과 직접 대면하고 극복하는 과정을 나타냅니다. 마지막으로는 그 결과 얻게 된 호랑이 가죽이 김 동지의 관심을 끌게 되어 결국 반쪽이가 결혼을 하게 되지요. 이것은 위협과 대면하고 극복한 결과 얻은 에너지가 변환의 매개체가 되어 우리의 삶에 새로운 가능성을 열어주는 단계입니다.

팥죽 할머니가 삼 형제에게 경고한 말을 떠올려볼까요. 호랑이가 낮에는 아름다운 여인의 모습으로 변신해 있다가 밤에는 본모습을 드러낸다고 하였습니다. 매우 의미심장한 설정이에요. 낮은 의식의 영역을 상징하고, 밤은 무의식의 영역을 상징합니다. 우리는 낮과 같은 의식적 삶에서는 원초적 에너지를 문명화된 형태로 표현하지만, 밤과 같은 무의식의 영역에서는 그것이 본래의 야생적 모습을 드러냅니다.

흥미로운 것은, 그 변신해 있는 호랑이를 알아보는 방법이 "밤에 잘 때 입김을 불면 본 모습을 드러낸다"라는 것입니다. 많은 문화권에서 '숨', '호흡', '입김' 등은 생명의 원천이자 영적 본질을 상징합니다. 성경에서는 하나님이 흙으로 빚은 인간에게 '생기'를 불어넣어 생명체가 되게 했으며, 동양 전통에서는 '기(氣)'가 모든 존재의 근원적 힘으

58 꿈이 답하다

로 여겨졌습니다. 호랑이 이야기에서 입김을 분다는 것은 사물의 본질을 인식하는 영적 통찰력을 발휘하는 상황을 의미합니다. 그것은 우리가 원초적 에너지의 진정한 본질을 인식하기 위해서는 의식적 주의와 영적 자각을 적극적으로 기울여야 함을 암시합니다. 그냥 보기만 해서는 호랑이의 진짜 모습을 볼 수 없습니다. 우리 내면의 생명력(입김)을 통해 그것과 진정으로 관계 맺을 때 비로소 그 본질이 드러나는 것입니다.

현대인의 삶에서 이러한 원초적 에너지와의 관계는 어떻게 나타날까요? 상담실에서 만난 한 젊은 여성의 사례를 살펴보겠습니다. 그녀는 항상 모범생이었고, 남에게 친절하고 도움을 주는 사람으로 알려져 있었습니다. 하지만 그녀는 원인 모를 분노와 우울감에 시달렸고, 때때로 자기 파괴적인 행동을 하기도 했습니다.

상담 과정에서 그녀는 자신이 평생 부정해온 감정들과 마주하게 되었습니다. 그녀는 어린 시절부터 "착한 아이"가 되어야 한다는 메시지를 내면화했고, 그 결과 분노, 질투, 욕망과 같은 '부정적'인 감정들을 모두 억압해왔습니다. 그와 같은 억압된 에너지는 그녀의 무의식 속에서 통

2장 고슴도치 한스와 반쪽이 59

제할 수 없는 형태로 표출되었던 것입니다. 그녀가 자신의 원초적 에너지를 인정하고 받아들이기 시작했을 때, 놀라운 변화가 일어났습니다. 그녀는 더 이상 완벽해 보이려고 노력하지 않아도 된다는 해방감을 느꼈고, 자신의 진정한 욕구와 감정에 더 정직해질 수 있었습니다. 이전에는 자기 파괴적으로 표출되던 에너지가 이제는 창조적인 방향으로 흐르기 시작했습니다.

이처럼 원초적 에너지와 화해는 억압되어 있던 엄청난 생명력과 창조적 에너지를 해방합니다. 반쪽이는 호랑이를 물리치고 그 가죽으로 새로운 삶을 시작했죠. 내면의 원초적 힘을 의식으로 통합한다는 것은 우리의 삶을 더 온전하게 만드는 길이 될 수 있습니다.

결핍이 선물하는 내향의 여정, 금강경과 깨진 물동이의 지혜

한스와 반쪽이 이야기가 공통으로 전하는 메시지는 '결핍'과 '불완전함'이 역설적으로 우리를 더 깊은 내면의 여정으로 이끌 수 있다는 것입니다. 결핍은 우리를 내향으로 이끕니다. 여기서 내향이란 성격 유형으로서의 특성뿐만 아니라 외부 세계로부터 에너지를 철회하고 내면세계로 향하는 심리적 과정을 의미합니다. 이 내향의 과정은 자기 발견과 성장에 필수적이라고 여겨집니다.

현대 사회는 결핍의 가치를 인정하지 않습니다. 우리는 모든 부족함을 '해결해야 할' 문제로 여깁니다. 그러나 동양 사상에서는 결핍이 오히려 충만함으로 가는 길일 수 있다고 봅니다. 노자의 '도덕경'에는 "그릇의 쓸모는 그 속의 빈 공간에 있다"라는 구절이 있습니다. 비어 있음, 즉 결핍이 오히려 가능성의 공간을 만들어낸다는 것입니다.

불교의 금강경(金剛經)은 이러한 역설적 지혜를 더 깊이 탐구합니다. 금강경의 '금강'은 산스크리트어로 '바즈라 Vajra'라고 불리는데, 이는 세상에서 가장 단단한 물질을 의미합니다. 불교에서 이 금강은 우리 모두의 내면에 있는 불변하는, 파괴할 수 없는 본성을 상징합니다. 금강경의 핵심 가르침은 우리의 참된 본성이 이미 완전하다는 것입니다. 우리는 이미 금강과 같은 내면을 가지고 있으며, 이것은 어떤 결핍이나 한계에도 훼손되지 않습니다. 우리가 경험하는 불완전함은 우리의 본질이 아니라, 그것을 가리는 일시적인 구름과 같은 것입니다.

2장 고슴도치 한스와 반쪽이 61

이 관점에서 볼 때, 결핍은 채워야 할 빈 공간이 아니라 우리가 자신의 본질에 다가가는 계기가 될 수 있습니다. 역설적으로, 고슴도치의 가시와 반쪽이의 불완전한 몸은 그들에게 필요한 상태였습니다. 그런 결핍이 그들을 평범한 삶에서 벗어나 더 깊은 내면의 여정으로 이끌었기 때문입니다. 우리의 삶에서도 마찬가지입니다. 실패, 상실, 좌절의 경험이 때로는 우리를 더 의미 있는 방향으로 인도하는 전환점이 될 수 있습니다.

반쪽이는 '반쪽'이라는 결핍을 가지고 태어났지만, 호랑이를 물리치고 어려운 과제들을 수행하는 과정에서 '반쪽'인 상태 그대로였습니다. 그는 자신의 부족함을 채우려 하지 않았습니다. 그저 자신이 있는 그대로의 상태에서 최선을 다했을 뿐입니다. 이러한 태도는 금강경의 가르침과 일치합니다. 반쪽이는 외적으로는 '불완전'했을지 모르지만, 그의 내면에는 이미 온전한 힘이 있었습니다.

반쪽이의 형들은 '온전한' 몸을 가졌지만, 호랑이 앞에서 무력했습니다. 반면 반쪽이는 '불완전한' 몸으로도 더 큰 힘을 발휘했습니다. 여기서 우리는 외적인 완전함이 진정한 힘의 원천이 아님을 볼 수 있습니다. 진정한 힘은 내면의 깊은 곳, 자기Self와의 연결에서 나옵니다.

융은 내향의 과정, 즉 내면으로의 여정이 우리를 더 깊은 자기 이해와 진정한 자기와의 만남으로 이끈다고 보았습니다. 외부에서 인정과 성취를 추구하는 외향적 태도에서 벗어나, 내면의 목소리에 귀 기울일 때 우리는 더 깊은 지혜와 만날 수 있습니다.

결핍은 종종 이러한 내향의 여정을 시작하게 하는 촉매제가 됩니다. 우리가 외부 세계에서 원하는 것을 얻지 못할 때, 우리는 어쩔 수 없이 내면으로 시선을 향하게 됩니다. 그리고 그곳에서 우리는 때로 더 큰 보물을 발견하기도 합니다.

이러한 역설을 가장 아름답게 표현한 이야기가 바로 '깨진 물동이' 이야기입니다. 한 스님이 두 개의 물동이를 어깨에 메고 매일 물을 길어 왔습니다. 한쪽 물동이는 완벽했지만, 다른 쪽은 금이 가 있어 길을 오는 동안 물의 절반이 새어 나갔습니다. 완벽한 물동이는 자신의 성취를 자랑스러워했지만, 금이 간 물동이는 자신의 불완전함을 부끄러워했습니다. 어느 날 금이 간 물동이가 스님에게 말했습니다. "저는 부끄럽습니다. 제 결함 때문에 물이 새어 나가

2장 고슴도치 한스와 반쪽이 **63**

당신의 노력이 절반이나 헛되게 됩니다." 스님은 미소를 지으며 말했습니다. "길을 걸을 때 네 쪽의 길가를 잘 보았니? 꽃들이 피어 있지 않았니? 나는 네 결함을 알고 있었단다. 그래서 네 쪽 길가에 꽃씨를 뿌렸고, 매일 네가 흘린 물로 그 씨앗들에 물을 주었단다. 네가 아니었다면, 이 아름다운 꽃들은 피어나지 못했을 거야."

이 이야기는 우리에게 중요한 통찰을 제공합니다. 우리가 결함이라고 생각하는 것이 사실은 다른 방식으로 세상에 기여할 수 있는 독특한 방식일 수 있다는 것입니다. 금이 간 물동이처럼, 우리의 불완전함이 오히려 아름다운 꽃을 피우는 계기가 될 수 있습니다.

한스와 반쪽이는 각자의 결핍으로 인해 내면의 여정을 시작했고, 결국 그들은 더 온전한 존재로 거듭났습니다. 그들의 이야기는 우리에게 결핍을 단순히 극복해야 할 문제로 보지 말고, 내면의 깊은 지혜와 만나는 기회로 바라볼 것을 권유합니다.

우리 인생에서 만나는 크고 작은 결핍들, 그것이 외적이든 내적이든, 모두 우리를 더 깊은 내면의 여정으로 초대하는 계기가 될 수 있습니다. 그 여정을 통해 우리는 금강경이 말하는 '금강의 마음', 불변하는 우리의 본질을 만나게 되고, 깨진 물동이처럼 우리만의 독특한 꽃을 피워낼 수 있게 됩니다. 결핍을 저주로 볼 것인가, 아니면 우리를 본질로 인도하는 안내자로 볼 것인가? 그 답은 각자의 여정 속에서 찾아야 합니다. 하지만 한 가지 분명한 것은, 모든 불완전함 속에는 꽃을 피울 수 있는 씨앗이 담겨 있다는 것입니다.

라빈의 이야기
첫 번째,

방 안에 갇힌 소녀

봄을 기다리는 마음

한스가 난로 앞에서 8년을 보내고 반쪽이가 불완전한 몸으로 모험을 떠난 것처럼, 현실에서도 이와 같은 내향의 여정을 걷는 이들이 있습니다. 결핍과 한계가 오히려 더 깊은 자기 발견의 길로 안내하는, 그런 이야기 말입니다. 라빈이 나누어주는 이야기가 바로 그 의미를 담고 있죠. 라빈은 자신과 같은 방황을 겪는 누군가에게 이야기를 들려주고 싶어 했습니다. 그러면서 자신도 지난 시절을 정리하고 이해하고 싶어 했어요.

라빈을 처음 만난 것은 그녀가 5년 가까이 집 밖을 나가지 않고 지내던 무렵이었습니다. 한스의 8년과는 기간이 다르지만, 그 '멈춤의 시간'이 가진 의미는 놀라울 만큼 유사했습니다. 그 당시 그녀의 친구들이 학교에 다니며 입시와 학업에 매진할 때, 그녀는 집에서 무료한 나날을 보내고 있었죠. 특별한 취미나 즐거움도 없이, 가끔 오락 게임을 하거나 책을 잠시 보다가 온종일 누워 지내곤 했습니다. 무기력하고 우울한 시간이 이어졌지만, 뚜렷한 인생의 목표나 성취감은 없었어요.

그녀의 부모님은 그녀의 상태를 심각하게 여기지 않았습니다. 언젠가는 나이가 들어 스스로 변할 것이라는 막연한 기대감으로 상황을 대했죠. 그녀는 초등학교 이후로 전학을 다니며 학교생활 적응에 어려움을 겪었고, 친구 관계와 학교 규칙을 따르는 것도 힘들어했습니다. 등교를 하면 매일 몸이 아팠고, 부모님은 그녀가 학교에 다니지 않고 집에 있는 것이 오히려 편하다고 여겼죠. 상담을 시작하게 된 계기는 단순히 그녀의 무료함을 달래줄 대화 상대를 만나기 위해서였습니다.

라빈에게는 언니가 하나 있었고, 모두 부모님과 함께 살고 있었습니다. 겉으로 보기에 그녀의 가정에는 특별한 문제가 없어 보였지만, 가족 구성원들 사이의 관계는 복잡하게 엉킨 거미줄처럼 미해결된 숙제들로 가득했어요. 라빈은 그런 가족 내의 부정적인 역동을 고스란히 자기 몸과 마음으로 받아들여 대신 앓고 있었습니다.

처음 만났을 때 그녀는 마치 백지장처럼 하얗게 질린 얼굴을 하고 있었습니다. 너무나 마르고 힘이 없어 보였습니다. 마치 삶의 생기를 잃어버린 것만 같았어요. 그녀의 무기력함과 생기 없음은 충격적일 정도여서 안쓰러운 마음이 들었습니다. 그녀는 자신에게 아무 문제가 없다고 말했지만, 그녀의 눈빛은 전혀 다른 이야기를 하고 있었습니다.

도움을 청하는 간절한 구조 요청이 그녀의 눈동자 속에서 읽혔습니다. 라빈은 허리를 바로 세울 기력조차 없어 의자에 힘없이 기대어 앉아 있었죠. 상담실 창밖으로 쏟아지는 눈 부신 햇살도 그녀에겐 버거운 듯했습니다. 그녀는 손으로 햇빛을 가리며 늘 고개를 숙이고 있었죠. 밝은 빛조차 그녀의 힘겨운 삶의 무게를 대변하는 듯했습니다. 마치 한스가 가시로 자신을 보호했듯, 그녀도 빛으로부터 자신을 보호하고 있었습니다.

첫 만남에서 그녀는 매일 이유 없이 아프다고 했습니다. 배가 아프고 소화가 잘 안 되며 두통이 심했어요. 매일같이 몸 어딘가가 불편했고, 원인을 알 수 없는 통증이 있었습니다. 이런 신체화장애[7]는 의학적으로 설명되지 않는

2장 고슴도치 한스와 반쪽이 69

다양한 신체적 증상을 호소하는 것을 특징으로 하는 정신 질환입니다. 상담이 진행되면서 그녀가 심각한 무기력 상태에 빠져있으며, 만성 우울과 신체화장애에 시달리고 있다는 것을 알게 되었습니다.

이런 장애는 특정 질환이 있는 사람들만의 문제는 아닙니다. 현대인들 역시 과도한 스트레스와 감정 조절의 어려움으로 유사한 증상을 겪곤 합니다. 만성 피로, 두통, 소화불량 등이 대표적인데, 업무량이나 대인관계 스트레스가 주된 원인이 되곤 합니다. 만성 우울Persistent Depressive Disorder은 장기간에 걸쳐 지속되는 우울 증상을 나타내는 기분 장애입니다. 무기력, 절망감, 자존감 저하 등이 주요 증상으로 나타납니다. 그러나 그런 심리학적인 진단이 그녀에게는 의미없는 일이었죠.

그녀와 그녀의 부모는 특별히 호소하는 문제가 없었습니다. "상담을 받는 이유는…. 그냥 혼자 이야기할 사람이 없어서예요. 이런 걸 하면 아이가 말할 상대가 있으니까요." 우리의 상담은 그렇게 가벼운 대화처럼 시작되었습니다. 그녀와 제가 유일하게 공감했던 부분은 그녀가 현재 길을 잃은 듯한 느낌을 받고 있다는 것뿐이었습니다.

"언덕 위에 있는 학교에 홀로 남겨진 꿈을 꿨어요. 갑자기 눈보라가 몰아쳐서 순식간에 학교가 하얗게 뒤덮였죠. 창밖을 보니 눈이 너무 많이 내려서 밖으로 나갈 수가 없었어요. 마치 거대한 눈의 감옥에 갇힌 느낌이랄까…. 너무 무서웠지만 그나마 엄마한테 연락이 닿아서 안심했죠. 근데 엄마는 내 말을 전혀 못 알아듣는 거예요. 필사적으로 설명을 해봤지만, 엄마는 계속 엉뚱한 소리만 하다가 전화를 끊어버리는 거예요. 혼자 눈보라 속에 갇혀서 얼어 죽을 것만 같았어요. 그 절망감, 고립감…. 꿈에서 깨고 나서도 한동안 그 기분을 떨쳐낼 수가 없었죠. 내가 처한 이 상황을 아무도 이해하지 못하는 것 같았고, 내 말을 들어줄 사람이 아무도 없는 것 같았어요. 그 꿈은 내가 얼마나 외롭고 막막한지를 잘 보여주는 것 같아요."

이 꿈을 꾸고 난 이후 그녀는 상담에 대한 태도가 달라지기 시작했습니다. 처음으로 자신의 상태에 대해서 갇혀 있다는 것을, 길을 잃고 있을지 모른다는 것을 인식하기 시작했습니다. 그러자 그녀는 상담을 진지하게 여기기 시작했습니다.

2장 고슴도치 한스와 반쪽이 71

저는 처음 그녀에게 민담을 들려주기 시작했습니다. 어쩌면 삶에 지쳐 빛을 잃어버린 그녀에게 민담 속 영웅들의 여정이 작은 위로가 될 수 있으리라 기대하며 말이죠. 그녀 역시 제게 자신의 꿈에 관해 이야기하기 시작했습니다. 의식의 검열에서 자유로운 꿈속에서 그녀는 조금씩 자기 내면을 드러내 보였죠. 우리는 이야기를 건네고 받으며 천천히 여정을 시작했습니다. 민담 속 흩어진 상징을 거울삼아 그녀 내면의 빛과 어둠을 만나고, 그녀의 꿈에 귀 기울여 무의식이 보내는 메시지를 읽어내려 애썼죠. 길을 잃은 방황의 시간 속에서도 삶은 계속 흐르고 있었다는 것을 그녀는 점차 확인해 나갔습니다.

상담실 안에서 고개를 숙이고 앉아 있던 그녀의 모습이 떠오릅니다. 저는 스스로 물었죠. 과연 제가 그녀에게 얼마나 다가갈 수 있을까. 빛을 잃은 그녀의 눈동자에 생기를 되찾아줄 수 있을까. 답을 알 수 없었지만, 누군가는 그녀의 손을 잡아주어야 한다는 것만은 분명했습니다. 그래서 저는 이 여정을 택했죠. 이야기를 나누는 동안만큼은 그녀의 세계로 함께 들어가기로 말입니다. 상담사에게도 선택이 필요합니다. 책임이 뒤따르기 때문입니다.

방 안에 머무는 시간,
성장을 위한 멈춤

"학교생활이 너무 힘들어요. 친구들과 어울리는 것이 어려워요. 도대체 여자애들과 잘 지내려면 어떻게 해야 하는 거죠? 저와 친구들은 공유할 수 있는 게 없어요. 서로 다른 나라 말을 하는 것처럼 친구들을 이해할 수 없어요."

그녀가 학교를 그만두게 된 이유는 단순한 학교 부적응이 아니었습니다. 겉으로는 학교생활의 적응 문제라고 표현했지만, 그 본질은 더 깊었습니다. 친구들과의 소통 부재로 인한 근본적인 단절감이 그녀를 고립시키고 있었던 것입니다. 매일 아침 학교에 가는 일은 그녀에게 극심한 심리적, 신체적 고통이었습니다. 버스를 타고 학교에 도착하면 그 순간부터 그녀의 몸은 거부반응을 보이기 시작했습니다. 배가 아프고, 소화가 되지 않으며, 심한 두통에 시달렸죠. 일요일부터 시작되는 극심한 두통과 다가올 한 주에 대한 두려움은 그녀의 온 존재가 보내는 위기의 신호였습니다. 청소년기의 심리적 고통은 종종 신체 증상으로 표현됩니다.

그런 증상들은 자신의 감정을 언어로 표현하기 어려운

청소년기 특성을 반영하며, 내면의 깊은 고통을 몸으로 느끼는 자연스러운 심리적 과정입니다.

결정적인 사건은 친구들 사이에서 느끼는 소외감 속에서 발생했습니다. 그녀의 소중한 게임기를 빌려 갔다가 돌려받지 못하게 된 일은 그저 무엇 하나를 잃었다는 사건 이상의 의미로 그녀에게 들이닥쳤습니다. 그녀에게 이 사건은 타인과 세상에 대한 근본적인 신뢰의 상실을 의미했습니다. 마치 한스가 자신을 보호하기 위해 가시를 두른 것처럼, 그녀는 더욱 깊이 마음의 문을 닫았습니다. 결국 그녀는 자퇴를 선택했습니다.

집 안에서만 지내게 된 그녀에게, 저는 그림 형제 민담 중 관심이 가는 이야기를 선택해보라고 권했습니다. 그녀는 '개구리 왕자'를 선택했어요. 상담 과정에서 그녀는 개구리에 대한 강한 혐오감을 표현했습니다. "징그럽고 더럽고 차갑고…, 도저히 가까이할 수 없는…."이라며 개구리에 대한 거부감을 강하게 드러냈습니다. 이러한 태도는 그녀의 내면 깊숙한 콤플렉스를 이해하는 중요한 실마리가 되었습니다. 반쪽이가 자신의 '반쪽' 상태를 받아들여야 한 것처럼, 그녀도 자신이 거부하고 싶은 부분과 마주해야 했습니다.

민담의 상징은 개인의 무의식과 만나 고유한 의미를 형성합니다. 같은 상징이라도 각 개인에게 다른 의미로 다가가며, 내담자의 현재 심리적 상태에 따라 다르게 인식될 수 있습니다. 고대부터 개구리는 흥미로운 상징성을 지닌 존재였습니다. 물과 땅을 오가는 양서류로서, 개구리는 의식과 무의식을 연결하는 매개체로 여겨졌습니다. 융 심리학에서 개구리는 변화transformation의 상징으로 이해되기도 합니다. 올챙이에서 개구리로의 극적인 변태 과정은 인간 정신의 변화와 성장을 상징합니다. 융은 개구리와 같은 양서류가 지닌 상징성에 특별히 주목했습니다. 특히 연금술에서 개구리는 원초적 물질prima materia의 상징으로 여겨졌으며, 이는 변환되어야 할 미발달된 심리적 내용을 의미합니다.

고대 문명들은 개구리에 독특한 의미를 부여했습니다. 이집트에서는 생명의 여신 헤케트의 상징으로 부활과 재생을 의미했고, 메소포타미아에서는 물의 신과 연관되어 풍요와 치유의 의미가 있습니다. 반면 중세 유럽에서는 개구리를 마녀의 친숙한 동물로 여겨 두려움의 대상으로 삼

2장 고슴도치 한스와 반쪽이 **75**

기도 했습니다. 한편 일본의 전통에서는 개구리가 여행자의 안전한 귀환을 상징하며, 중국에서는 달 속의 두꺼비가 불멸과 변환을 상징합니다. 이처럼 서로 다른 문화권에서 개구리는 변화와 회귀, 그리고 재생의 이미지로 나타납니다. 현대 심리치료에서는 이러한 양면성을 가진 상징들이 내담자의 통합 과정에서 중요한 역할을 한다고 봅니다. 이는 초월적 기능과도 연관됩니다.

그녀가 개구리에 대해 표현한 혐오감은 단순한 이야기 속 등장인물에 대한 반응이 아니었습니다. 그것은 그녀가 자기 내면에서 마주하기 힘들어하는 부분, 혹은 현실에서 대면하기 어려워하는 관계나 상황과 연결되어 있었죠. 개구리에 대한 그녀의 반응은 실제 삶에서 그녀가 부정적 감정을 느끼는 대상과 깊이 연결되어 있었습니다. 그녀의 내면 깊숙이 자리한 콤플렉스를 이해하는 중요한 실마리가 되었습니다.

그러한 상징의 연상들을 탐색하면서, 그녀는 자신의 현재 상태를 새로운 관점에서 바라보기 시작했습니다. 개구리에 대한 혐오감은 점차 변화의 가능성에 대한 인식으로 바뀌었습니다. 마치 민담 속 개구리가 결국 왕자로 변화하듯, 그녀가 거부하고 피하고 싶었던 상황들도 어쩌면 그녀의 성장을 위한 필연적 과정일 수 있다는 통찰로 이어졌습니다. 이 시기에 그녀는 의미심장한 꿈을 꾸었습니다.

"꿈속에서 나는 좁고 음산한 콘크리트 방에 서 있었어요. 사방이 막혀있고 창문 하나 없는 그런 방이었죠. 마치 커다란 콘크리트 큐브 안에 갇힌 느낌이랄까…. 그런데 그 방 한가운데 한 남자아이가 웅크리고 앉아 있는 거예요. 너무 놀라서 가만히 아이를 좀더 자세히 보니까, 비쩍 마른 몸에 허름한 옷을 입고 숨쉬기조차 힘든 것 같았어요. 그 아이 눈빛에서 절망감이 느껴졌죠. 도저히 빠져나갈 수 없을 것 같은 암흑 속에 홀로 갇혀버린 듯한…. 그 모습을 보는 순간 저도 모르게 소름이 끼쳤어요. 왜냐하면 그 아이가 바로 나였거든요. 지금의 내 모습 그대로였죠. 어둠 속에 홀로 남겨진 채 어디로도 나아갈 수 없는 무력한 느낌…. 그 꿈에서 깨어났을 때 온몸이 식은땀으로 흠뻑 젖어있었어요."

마치 개구리가 우물 안에 갇혀 있는 것처럼, 그녀 또한 자신만의 공간에 갇혀 있었습니다. 그러나 개구리가 물과 땅을 오가듯, 이 갇힌 공간도 언젠가는 열릴 것임을 암시하는 듯했습니다. 꿈 분석에서 '갇힌 공간'은 종종 보호와 제한이라는 이중적 의미를 지닙니다. 이는 자궁과 같은 안전한 공간이 될 수도 있고, 극복해야 할 제한이 될 수도 있습니다.

민담 속 개구리와 그녀의 꿈은 묘하게 겹쳤습니다. 개구리가 우물에서 공주의 황금 공을 건져주듯, 그녀의 무의식도 그녀에게 중요한 메시지를 전달하고 있었습니다. 황금 공이 상징하는 온전성을 되찾기 위해서는, 때로는 우리가 혐오하는 것과 마주해야 하고, 때로는 갇힌 공간에서의 시간도 필요할 수 있다는 것이었습니다. 민담 속 한스가 8년의 세월을 죽은 듯 지내야 한 것처럼 그녀의 자퇴와 고립의 시간 역시 피할 수 없는 내면의 여정이었습니다. 어떤 치유의 순간은 멈추어 서서 자신을 들여다보는 시간이 필요한 법이죠.

개구리가 올챙이에서 완전한 변태를 거치는 동안 아무도 보지 못하는 시간이 필요하듯이 말입니다. 무의식은 민담과 꿈을 통해 그녀에게 이 시간의 가치를 끊임없이 확인시켜 주었습니다. 그것은 긴 겨울을 지나는 나무처럼, 외부적으로는 아무런 변화가 없어 보일지라도 내면에서는 끊임없는 변화와 성장이 일어나고 있다는 메시지였죠. 특히 그녀가 꾸었던 꿈들은 그녀가 이 시간을 견딜 수 있도록 힘을 주었습니다. 무의식은 그녀에게 기다림의 시간이 필요하다는 것을, 그리고 그 시간이 전혀 무의미하지 않다는 것을 알려주었습니다.

상담 과정에서 그녀는 민담을 통해 자기 내면을 더 깊이 이해하게 되었습니다. 개구리 왕자 이야기는 이제 그냥 전래동화가 아니라 그녀 자신의 이야기가 되어갔죠. 혐오스러운 것으로 보였던 상황들이 실은 변화의 가능성을 품고 있다는 것, 지금의 갇힘이 영원한 것이 아니라는 것, 그리고 이 모든 과정이 그녀의 성장을 위한 필연적인 여정이라는 것을 깨닫게 된 것입니다.

우리는 흔히 이런 멈춤의 시간을 '문제의 상황'으로 규정하고, 서둘러 일상으로의 복귀를 종용합니다. 그녀의 나이에 맞는 학교생활과 사회활동을 하도록 어르거나 밀어붙여야 할까요? 보편적인 정상성에 맞추는 것이 최선일까요? 그 답을 확실히 아는 사람은 없습니다. 자신이 처한 상황에 대한 해답은 항상 그 사람의 깊은 내면에 존재하기 때문입니다.

민담 속 상징물에 대한 우리의 끌림은 우리 내면의 무의식적 필요와 깊은 관련이 있습니다. 그녀가 개구리 왕자 이야기에 끌린 것처럼, 우리는 종종 우리의 내면이 필요로 하는 이야기를 만납니다. 그러한 끌림은 우리의 내면 문제가 어디에 있는지, 우리가 지금 어디에 머물러 있는지, 혹은 우리가 무엇을 살펴봐야 하는지를 알려주는 중요한 좌표가 됩니다. 융은 이를 동시성의 원리Synchronicity로 설명했습니다. 우리가 특정 상징이나 이야기에 끌리는 것은 우연이 아니라, 그것이 우리의 현재 심리적 상황과 의미 있는 연관성을 가지고 있기 때문이라고 보았습니다.

상담을 진행하면서 민담의 흐름과 상징물은 내담자 스스로가 자신의 문제와 해결 방향을 깨닫게 해주었습니다. 그녀는 개구리에 대한 혐오감을 통해 실제 삶에서 부정적 감정을 느끼는 대상을 발견했고, 자신의 콤플렉스를 통찰할 수 있었습니다. 또한 삶을 반영한 꿈을 통해 그녀의 내면은 갇힌 미로에서 벗어날 수 있는 활력이 차오르기 시작했습니다. 그러나 때로는 오랜 잠식의 시간이 그 혹은 그녀를 성장시키는 동력이 되기도 했습니다. 상담자로서 저는 그 상황에 대한 답을 내리거나 판단하지 않습니다. 단지 그녀의 내면에서 어떤 소리가 들려오는지 집중하고, 그 내면의 언어를 이해하려 노력할 뿐입니다.

무의식은 그녀에게 민담과 꿈을 통해 끊임없이 말을 걸어왔습니다. 그것은 이 멈춤의 시간이 절대 무의미하지 않으며, 새로운 성장을 위한 필수적인 과정이라는 메시지였죠. 그녀 내면의 개구리가 왕자로 변하는 데는 고립과 외로움의 시간이 절대적으로 필요한 것이죠.

그녀는 자신의 속도로, 자신만의 방식으로 이 시간을 통과하고 있었습니다. 변환의 과정은 각자의 고유한 시간표를 가집니다. 개성화 과정의 핵심적 특징이기도 합니다. 개성화 과정은 개인의 고유한 개성을 발견하는 과정으로서 인간이 자신의 진정한 자아를 찾아가는 심리적 여정을 의미합니다.

융은 이 과정이 꿈, 환상, 상징 등을 통해 무의식이 보내는 메시지에 귀 기울이는 것에서 시작된다고 보았으며, 비록 때로는 고통스러운 자기 인식과 변화를 수반하지만, 결국 더 온전하고 진정한 자신만의 길을 찾아가는 성장의 과정이라고 강조했습니다. 그것은 의식과 무의식의 조화로운 통합을 통해 전체성을 이루는 과정입니다. 중요한 것은 이 길이 모든 사람에게 같지 않다는 점입니다.

이제 그녀는 조금씩 자기 내면에 귀 기울이는 법을 배우고 있었습니다. 어둠 속에서 희미한 빛을 발견하는 것과 같은 경험이었죠. 무의식이 보내는 신호를 통해 그녀는 자신의 멈춤이 단순한 도피가 아닌, 깊은 내면의 성장을 위한 필연적 과정임을 이해하기 시작했습니다.

금강경의 지혜가 말하듯이, 우리의 참된 본성은 이미 완전합니다. 그녀의 '갇힘'도 사실은 그녀가 자신의 본질에 다가가는 과정이었을지 모릅니다. 깨진 물동이가 길가에 꽃을 피운 것처럼, 그녀의 불완전해 보이는 상황도 언젠가는 아름다운 꽃을 피워낼 것입니다. 그 꽃이 어떤 모습일지는 아직 아무도 모르지만, 그녀의 내면에서는 이미 그 씨앗이 자라고 있었습니다.

3장
오딘과 환웅

- 관점의 전환이 열어주는 세계 -

"나무가 하늘로 뻗기 위해서는
그 뿌리 또한 지옥처럼 깊이 내려가야 한다."
- 프리드리히 니체 (Friedrich Wilhelm Nietzsche) -

한스가 난로 앞에서 보낸 8년의 세월이 그에게 내면의 단단함을 선물했다면, 이제 우리는 또 다른 형태의 '멈춤'을 만나게 됩니다. 북유럽 신화의 지혜의 신 오딘은 세계수 이그드라실에 거꾸로 매달려 9일을 보냅니다. 한스가 수평적 멈춤의 시간을 보냈다면, 오딘은 수직적 전환의 시간을 경험한 것입니다.

신기하게도 동양에서도 이와 유사한 이야기가 전해 내려옵니다. 한국의 건국 신화인 단군신화에서 천상의 신 환웅은 인간 세계에 내려와 새로운 세계를 열었습니다. 하늘에서 땅으로의 이 수직적 이동은 오딘이 거꾸로 매달린 것과 같은 관점의 전환을 상징합니다.

우리의 삶에서도 이런 순간들이 찾아옵니다. 모든 것을 내려놓고 완전히 다른 관점에서 세상을 바라봐야 하는 시간, 기존의 시각으로는 도저히 이해할 수 없는 상황과 마주하는 시간…. 그때 우리에게 필요한 것은 오딘과 환웅의 용기일지도 모릅니다.

두 신의 이야기 | 오딘과 환웅

오딘: 세계수의 역설적 지혜

깊은 우주의 중심에 서 있는 거대한 세계수 이그드라실. 그 거대한 나무의 가지는 아홉 개의 세계를 연결하고 있었습니다. 신들의 왕 오딘은 이 세계수 앞에 서서 깊은 생각에 잠겼습니다. 그의 마음속에는 세상의 모든 지혜를 얻고자 하는 강렬한 열망이 타오르고 있었습니다.

오딘의 첫 번째 시련은 미미르의 우물을 찾아가는 것이었습니다. 이그드라실의 뿌리 깊숙한 곳에 있는 이 우물에는 세상의 모든 지혜가 담겨 있다고 전해졌습니다. 우물의 수호자 미미르는 매일 아침 이 우물에서 물을 마시며 깊은 지혜를 얻었습니다. 오딘이 우물 앞에 섰을 때, 미미르는 그를 날카롭게 바라보며 말했습니다.

88 꿈이 답하다

"위대한 신이여, 이 우물의 물을 마시고자 한다면 그만한 대가를 치러야 합니다. 당신의 한쪽 눈을 내게 주십시오."

오딘은 망설임 없이 자신의 오른쪽 눈을 희생했습니다. 그의 눈은 우물 깊숙이 가라앉아 영원히 빛나게 되었고, 오딘은 우물의 물을 마심으로써 세상의 깊은 지혜를 얻게 되었습니다. 하지만 이것은 시작에 불과했습니다. 오딘은 더 깊은 진리, 특히 룬문자의 비밀을 알고 싶어 했습니다. 룬문자는 우주의 근본적인 힘과 법칙을 담고 있는 신성한 상징이었기 때문입니다.

어느 날, 오딘은 중대한 결심을 합니다. 그는 자신의 창 궁니르를 들고 이그드라실 앞에 섰습니다. 다른 신들이 말렸지만, 오딘의 결심은 확고했습니다. 그는 자신을 창으로 찔러 이그드라실의 가지에 거꾸로 매달렸습니다.

"나는 바람 부는 나무에 매달려
아홉 밤을 보냈노라.
창으로 찔리고 오딘에게 바쳐진 채
나 자신을 나 자신에게 바치며"

아홉째 날 밤, 극한의 고통과 고립 속에서 오딘의 의식이 우주의 가장 깊은 곳에 닿았습니다. 그 순간 그는 룬문자 들이 빛나는 형상으로 나타나는 것을 보았습니다. 『하바말』에 기록된 것처럼, 오딘은 밑을 내려다보며 비명을 지르듯 외쳤습니다.

"보인다! 룬문자 들이 보인다!"

오딘이 이그드라실에서 내려왔을 때, 그는 이전과는 완전히 다른 존재가 되어 있었습니다. 한쪽 눈을 잃고 온몸에 상처를 입었지만, 그의 내면에는 우주의 지혜가 깃들어 있었습니다.

두 신의 이야기 | 오딘과 환웅
환웅: 하늘과 땅을 잇는 수직적 전환

한편, 멀리 동쪽 땅 한반도에서는 또 다른 신의 이야기
가 전해 내려왔습니다. 하늘의 신 환인의 아들 환웅[8]은 인
간 세계에 대한 깊은 관심과 호기심을 품고 있었습니다.
그는 매일 구름 사이로 내려다보며 인간 세계의 아름다움
과 고통을 지켜보았습니다.

"아버지, 저 아래 세계에 내려가 사람들을 도우며 살고
싶습니다."

환웅의 말에 환인은 깊이 생각했습니다. 아들이 천상의
모든 편안함과 권위를 버리고 낯선 세계로 떠나려는 모습
에서 그의 진정한 마음을 읽었습니다. 환인은 마침내 고개
를 끄덕였습니다.

3장 오딘과 환웅 **91**

"그대의 뜻이 그러하다면, 내가 도울 것이다."

환인은 아들에게 천부인(天符印)[9] 세 개를 주었습니다. 이는 천상의 지혜와 권능이 담긴 신성한 도구였습니다. 환웅은 이 신물과 함께 바람의 신 풍백(風伯), 비의 신 우사(雨師), 구름의 신 운사(雲師)를 비롯한 삼천 명의 무리를 이끌고 인간 세계로 내려왔습니다.

천부인(天符印) 또는 천부삼인(天符三印)은 단군신화에서 등장하는 신물(神物)입니다. 환인 천제가 아들인 환웅 천왕에게 인간 세상을 다스리는 데 사용하도록 준 세 가지 물건입니다. 고대 사회에서 지배 계층의 권위를 상징하는 신물로 보통 검, 거울, 방울 세 가지로 알려져 있습다.

환웅은 태백산 신단수 아래에 신시(神市)를 열고 홍익인간(弘益人間)의 가르침을 펼쳤습니다. 그는 곡식과 생명과 질병과 형벌과 선악을 주관하며 인간 세계의 360여 가지 일을 다스렸습니다. 그러나 천상의 신으로서 인간 세계를 완전히 이해하기는 쉽지 않았습니다.

같은 시기, 산속에는 한 마리의 호랑이와 한 마리의 곰이 살고 있었습니다. 그들은 사람이 되기를 간절히 원했고, 매일 환웅에게 기도했습니다. 환웅은 그들의 소원을 듣고 각자에게 쑥 한 묶음과 마늘 스무 개를 주며 말했습니다.

"이것을 먹고 백 일 동안 햇빛을 보지 말고 동굴에 머물러라. 그리하면 사람이 될 것이다."

호랑이와 곰은 기쁜 마음으로 쑥과 마늘을 받아들었습니다. 그러나 호랑이는 인내심이 부족하여 얼마 지나지 않아 그만 동굴을 나가버렸습니다. 반면 곰은 묵묵히 환웅의 말을 따랐습니다. 동굴의 깊은 어둠 속에서 21일을 보낸 곰은 마침내 아름다운 여인, 웅녀(熊女)로 변하게 되었습니다.

웅녀는 신단수 아래에서 환웅에게 아이를 갖게 해달라고 기도했습니다. 환웅은 인간 모습으로 변하여 웅녀와 혼인하였고, 그들 사이에서 단군왕검[10]이 태어났습니다. 단군은 훗날 고조선[11]을 건국하며 새로운 문명의 시작을 열었습니다.

3장 오딘과 환웅 93

수직적 전환의 신화,
오딘과 환웅의 공통된 여정

북유럽과 한국이라는 지리적, 문화적으로 멀리 떨어진 두 곳에서 전해지는 오딘과 환웅의 신화는 유사한 공통점이 있습니다. 두 신화 모두 '수직적 전환'을 통한 세계의 변화와 창조를 이야기합니다. 이 공통점은 인류의 집단무의식 속에 자리한 보편적 원형을 보여주는 증거일 수 있습니다. 세계수에 거꾸로 매달린 오딘과 하늘에서 지상으로 내려온 환웅이 경험한 수직적 이동은 두 신화 모두에서 새로운 창조와 변화의 전제조건이었습니다. 오딘은 룬문자를 발견하여 인간에게 문자와 지혜를 가져다주었고, 환웅은 지상에 내려와 인간 세계에 문명을 가져다주었습니다.

그 외에도 두 신화에는 몇 가지 공통점이 발견됩니다. 첫째는 그 수직적 이동이 자발적으로 이루어졌다는 것입니다. 오딘은 신들의 세계에서 가장 강력한 위치에 있었음에도 더 깊은 지혜를 얻기 위해 자신을 희생했고, 환웅 역시 천상의 편안함을 뒤로하고 인간 세계로 내려왔습니다. 두 신 모두 안전하고 편안한 기존의 세계를 떠나 새롭고 위험한 영역으로 자발적으로 진입한 것입니다. 이는 진정한 변화와 성장이 편안함과 안전함을 포기하는 용기에서 시작된다는 보편적 진리를 암시합니다.

둘째는 두 신화 모두 '시간'의 중요성을 강조한다는 것입니다. 오딘의 9일과 웅녀의 21일은 각각의 문화적 맥락에서 완전한 변화와 성숙에 필요한 시간을 상징합니다. 9와 21이라는 숫자는 각각 3×3과 3×7로 분해할 수 있는데, 이는 두 문화권 모두에서 완성과 완전함을 의미하는 3이라는 숫자와 연결됩니다. 이러한 시간성은 진정한 변화가 즉각적으로 이루어지는 것이 아니라, 충분한 인내와 기다림을 필요로 한다는 것을 암시합니다.

셋째는 '희생'의 주제입니다. 오딘은 한쪽 눈과 신체적 온전함을 희생했고, 환웅은 천상의 지위와 권위를 희생했습니다. 그와 같은 희생은 결국 더 큰 창조와 변화로 이어졌습니다. 오딘은 룬문자를 발견했고, 환웅은 인간 세계에 문명을, 그리고 웅녀와의 결합을 통해 새로운 민족의 시조를 탄생시켰습니다. 특히 오딘의 한쪽 눈 희생은 깊은 상징적 의미를 담고 있습니다. 한쪽 눈을 잃었다는 것은 기존의 '이성적' 시각, 즉 표면적이고 물리적인 세계만을 보는 시각을 포기한 것입니다. 대신 그는 더 깊은 내면의 눈, 무의식과 연결된 직관의 눈을 얻게 되었습니다. 북유럽 신화에서 오딘은 종종 '외눈박이 신'One-eyed God 으로 묘사되는데, 이 외눈의 상징성은 융 심리학적 관점에서 보면 의식과 무의식의 통합을 나타냅니다.

한편 오딘이 사용한 창 '궁니르'의 의미도 중요한데요, 이 창은 절대 빗나가지 않는 것이 특징입니다. 이로부터 확고한 의지와 목적성의 상징이 생겨났고, 오딘이 자신을 이 창으로 찔러 세계수에 매달렸다는 것은 자기 자신을 희생하는 결연한 의지, 그리고 자신의 목적을 향한 확고한 헌신을 보여줍니다.

오딘이 세계수 이그드라실에 거꾸로 매달린 모습은 타로에서 '행맨'The Hanged Man 의 직접적인 원형이 되었습니다. 타로에서 행맨은 자발적 희생, 새로운 관점, 그리고 기존 가치관의 전복을 상징합니다. 흥미롭게도 타로의 행맨은 고통 속에서도 평화로운 얼굴을 하고 있으며, 머리 주변에 빛의 후광이 그려져 있습니다. 이는 겉으로 보기에 고통스러운 상황 속에서도 내면의 평화와 깨달음을 얻을 수 있음을 암시합니다.

궁니르로 자신을 찌른 채 이그드라실에 거꾸로 매달린

그 이미지만으로도 확고한 의지에 의한 자발적 희생, 이로써 획득한 기존 가치관의 전복, 내면의 평화와 깨달음이 하나로 엮이는 오딘의 캐릭터를 드러냅니다. 이 상태로 오딘은 룬문자를 발견하는데요, 룬문자는 우주의 비밀과 원리를 담고 있는 신성한 상징입니다. 모든 룬은 자연의 힘, 인간의 심리 상태, 신들의 힘 등을 나타내지요. 오딘이 발견한 것은 세계의 근본 구조와 법칙을 이해하는 열쇠였던 것입니다.

한편, 환웅의 이야기는 천상의 신이 지상에 내려와 인간의 세계를 직접 경험하고 이해하려는 과정을 담고 있습니다. 이러한 맥락은 절대적 시각에서 상대적 시각으로의 전환, 또는 초월적 관점에서 내재적 관점으로의 전환을 상징합니다. 환웅이 가져온 천부인(天符印)은 하늘의 지혜를 상징하며, 오딘이 발견한 룬문자의 비밀과 유사합니다.

이렇게 공통점이 많은 두 신화는 결국 '지혜'와 '통찰'을 획득하는 방법에 관해 이야기하는 것으로 이해할 수 있습니다. 고통과 고립을 통해 우주의 비밀을 담은 룬문자를 발견하고, 인간 세계에 직접 살면서 인간의 360가지 일을 다스리는 지혜를 얻은 일은 진정한 지혜란 직접적인 경험과 희생을 통해 얻어진다는 것임을 보여줍니다.

수직적 이동을 경험하며 지혜를 얻는 두 신은 이로써 중재자mediator의 정체성을 획득합니다. 오딘과 환웅은 천상의 신들의 세계와 지상의 인간 세계 사이의 경계를 넘나들며 두 세계를 중재함으로써 새로운 통합과 창조를 이루어냈습니다.

현대 심리학에서 말하는 의식과 무의식 사이의 중재, 그리고 자아와 세계 사이의 중재와도 연결됩니다. 두 신화의 이 같은 공통점은 인류의 집단무의식 속에 있는 보편적 패턴을 반영하는 것으로 볼 수 있습니다. 문화와 지역을 초월하여 인간은 비슷한 심리적 과정과 영적 여정을 경험하며, 이를 신화라는 형태로 표현해왔습니다.

다른 눈으로 세상 보기, 어둠 속에서 찾은 빛

단군신화에 등장하는 호랑이와 곰의 상징성은 동서양 문화권에서 흥미로운 대조를 이룹니다. 앞서 반쪽이 이야기에서 살펴보았듯, 한국 문화에서 호랑이는 다양하고 복합적인 상징으로 나타납니다. 반면 곰은 한국, 만주, 시베리아 등 북방 민족들에게 부족의 시조이자 토템 동물로 숭배되었다는 확고한 이미지를 갖고 있습니다. 일부 학자들은 '곰'이라는 단어가 고대 한국어에서 '신'을 의미하는 단어와 어원적 연관이 있다고 추측하기도 합니다. 곰은 또한 인내, 지구력, 지혜를 상징하며, 깊은 동면에서 깨어나 새로운 생명력으로 돌아오는 재생과 부활의 이미지를 내포하고 있습니다.

한국 신화와 민담에 동물이 중요한 역할을 하는 이유는 무속 신앙의 샤머니즘적 배경과 밀접한 관련이 있습니다. 샤머니즘은 인간과 자연, 그리고 영적 세계 사이의 경계가 유동적이라고 보는 세계관을 가지고 있습니다.

단군신화에서 곰과 호랑이는 인간이 되겠다는 열망을 갖습니다. 동물적 본성을 초월하여 고차원적 의식으로 나아가고자 하는 인간 정신의 표현이라고 볼 수 있습니다. 그런데 곰은 성공하고 호랑이는 실패했지요.

곰이 동굴 속에서 21일을 견뎌내고 웅녀로 거듭날 수 있었던 것은 내면으로의 침잠, 즉 자기 내면의 깊은 지혜와 연결될 수 있는 능력을 갖췄기 때문이었습니다. 오딘의 9일과 마찬가지로 웅녀의 21일은 내면적 변화와 성장의 필수적인 과정을 상징합니다.

호랑이와 곰에게 주어진 시험은 자기를 발견하기 위한 과정과 유사합니다. 햇빛을 보지 않은 것은 외부적 활동과 자극을 멈추었음을 의미하고, 동굴 속에서 지낸 것은 내면으로 침잠하는 시간의 필요를 말하며, 쑥과 마늘과 같은 특별한 음식을 통한 정화는 심리적 변형을 위한 필수적 단계입니다.

여기서 하필 쑥과 마늘이 등장하는 것도 의미심장한데요, 한국 전통 의학에서 쑥은 정화와 치유의 약초로, 마늘은 부정적 기운을 쫓는 강력한 방어 식품으로 여겨졌습니다. 이 두 가지 성분은 물리적 변화뿐 아니라 영적, 심리적 변형을 위한 촉매제로 해석될 수 있습니다. 마치 연금술에서 기본 물질을 금으로 변화시키는 '현자의 돌'과 같은 역할을 한다고 볼 수 있습니다.

앞에서 두 이야기 모두에서 수직적 이동이 나타남을 언급했는데요, 오딘의 세계수와 웅녀의 동굴은 우주의 축 axis mundi을 상징합니다. 그것은 물리적 세계와 영적 세계를 연결하는 중심점으로, 여기서 상하 이동이나 존재의 근본적 변화가 가능해집니다. 융 심리학적 관점에서 이와 같은 '동굴' 혹은 '거꾸로 매달림'은 의식의 일상적인 상태를 벗어나 무의식의 세계로 들어가는 과정을 상징합니다. 다시 말해 에난티오드로미아enantiodromia[11], 즉 한 극단에서 다른 극단으로의 심리적 전환을 의미합니다. 우리가 당연하게 여겨온 모든 관점과 가치관을 뒤집어 볼 때, 비로소 새로운 진실이 보이기 시작하는 것입니다.

고대 신화에서 현대인의 삶으로, 신화적 지혜의 현대적 적용

이런 고대 신화의 지혜는 현대를 사는 우리의 삶과도 깊은 연관성을 지닙니다. 현대인이 겪는 많은 심리적 고통과 방황은 오딘과 환웅의 신화가 보여주는 '전환의 과정'과 유사합니다. 기존의 가치관과 정체성이 무너지고, 새로운 자아와 세계관을 형성해가는 과정에서 우리는 필연적으로 '거꾸로 매달림'의 시간이나 '동굴 속의 21일'과 같은 혼란과 고립의 시간을 경험하게 됩니다.

상담실을 찾아온 한 청년의 모습에서 저는 현대판 오딘을 보았습니다. 그는 눈물을 참으며 말했습니다. "전 모든 걸 내려놓으려고 해요. 대학도, 가족의 기대도…." 그의 목소리는 떨렸지만, 그 안에는 이상한 결연함이 느껴졌습니다. 깊은 어둠 속으로 걸어 들어가는 사람처럼. 그의 모습은 우리 시대의 많은 청년과 닮았습니다. 스펙은 충분하지만 행복하지 않은 청년들, 좋은 직장에 들어갔지만 매일 밤 사직서를 쓰는 꿈을 꾸는 이들. 겉으로는 성공했지만, 마음 한쪽의 공허함을 채우지 못하는 우리의 모습이기도 합니다.

"제가 지금까지 봐왔던 세상이
전부가 아닐 수 있다는 걸 알게 됐어요."

상담실에서 만난 또 다른 청년은 특별한 꿈을 꾸었습니다. 그는 양궁선수가 되어 활을 쏘고 있었는데, 눈을 뜨고 쏠 때는 계속 빗나갔습니다. 그러다 그가 눈을 감고 화살을 당겼습니다. 화살은 바람을 타고 아름답게 날아서 과녁의 정중앙에 꽂혔습니다. 현실에서 그는 명문대를 졸업하고 좋은 직장에 다니고 있었지만, 자신이 왜 이 길을 걷고 있는지 의문이 들었습니다. 모든 선택은 논리적이고 이성적인 판단에 따른 것이었고, 부모님과 주변 사람들도 그의

선택을 옳다고 인정했습니다. 하지만 그의 마음은 공허해
져 갔습니다.

꿈은 그에게 중요한 메시지를 전달하고 있었습니다. '눈
을 감는다'라는 것은 외부의 기준과 논리적 판단을 잠시
내려놓고, 내면의 직관과 감각에 귀 기울이라는 무의식의
신호였던 것입니다. 그 꿈 이후, 그는 주변의 기대와 사회
적 성공의 기준에서 벗어나 자기 내면의 소리에 귀를 기울
이기 시작했습니다. 그러한 변화는 오딘이 한쪽 눈을 희생
하여 세상을 새로운 방식으로 바라본 것과 닮았습니다.

현대 사회는 청년들에게 끝없는 '희생'을 요구합니다. 더
높은 학점을 위해 잠을 포기하고, 더 좋은 스펙을 위해 청
춘을 바치고, 안정적인 직장을 위해 꿈을 접어야 합니다.
그러나 오딘과 환웅의 이야기가 말하는 희생은 다릅니다.

우리가 정말 내려놓아야 할 것은 타인의 시선에 대한 집
착, 늘 완벽해야 한다는 강박, 실패하면 안 된다는 두려움
입니다. 지나친 페르소나의 집착이 바로 현대인의 문제일
지도 모릅니다. 이런 페르소나에 갇힌 삶은 우리의 시야를
좁히고, 진정한 자기를 발견하는 데 걸림돌이 됩니다. 그
결과 세상을 편협하고 좁은 시선으로 바라보게 됩니다.

"병원에 가라, 약을 먹어라,
운동해라, 여행을 가라….
모두가 해결책을 제시했지만,
그 누구도 내 이야기를 들어주지는 않았다."

2019년 한 청년의 유서는 수많은 이들의 가슴에 깊은 울림을 주었습니다. 우리 사회는 너무나 쉽게 해답을 제시합니다. 그런 '해답'들은 오히려 더 중요한 질문들을 막아 버립니다. 결국, 현대인들이 내면의 혼란과 방황을 충분히 경험하지 못하고, 단군신화의 호랑이처럼 동굴을 너무 빨리 나와 버리게 됩니다.

오딘과 환웅은 어떤 쉬운 해결책도 구하지 않았습니다. 그들은 그 고통스러운 전환의 시간을 온전히 견뎌냈습니다. 융은 이런 과정을 '밤의 바다를 건너는 여정The Night Sea Journey'이라고 표현했습니다. 그것은 의식이 무의식의 깊은 영역으로 들어가 변환되는 과정을 의미하며, 종종 고통과 혼란을 수반합니다. 하지만 이 어둠의 시간을 통과해야만 더 높은 차원의 의식이 형성될 수 있습니다. 자유롭고 확장된 의식으로요.

104 꿈이 답하다

"저는 매일 밤 천장을 바라보며 생각해요.
내가 지금 뭘 하고 있는 걸까? 이게 정말 맞는 걸까?
그런데 어느 순간 깨달았어요.
이렇게 고민하는 시간조차 소중하다는 걸요."

상담실에서 만난 한 내담자의 이 말에는 깊은 통찰이 담겨 있습니다. 방황의 시간이 단순한 정체가 아니라, 자신을 깊이 들여다보는 소중한 기회가 될 수 있다는 것입니다. 같은 맥락으로 '멈춤'의 시간을 인큐베이션incubation 기간이라고 부릅니다. 마치 알이 부화하는 데 필요한 시간처럼, 우리의 내면 변화도 충분한 잠복기가 있어야 합니다.

각자의 시간,
기다림이 주는 선물

오딘의 9일과 웅녀의 21일이 주는 또 다른 교훈은 '각자의 시간'을 존중하는 것의 중요성입니다. 호랑이는 참지 못하고 동굴을 떠났지만, 웅녀는 자신에게 주어진 시간을 온전히 받아들였습니다. 그러한 과정은 현대 사회에서 우리가 잃어버리기 쉬운 가치, 즉 각자의 고유한 성장 속도를 인정하는 것의 중요성을 일깨웁니다.

단군신화에서 웅녀가 21일 동안 동굴에서 지내며 인간으로 변모하는 과정은 매우 상징적입니다. 한국의 전통적 시간 개념에서 21일은 '삼칠일(三七日)'로 불리며, 중요한 의미를 지닙니다. 출산 후 산모가 몸을 추스르는 기간, 죽은 이를 애도하는 기간, 그리고 중요한 수행이나 정화의 기간으로 여겨졌습니다. 21일은 완전한 한 주기(7일)가 세 번 반복되는 기간인데, 이는 인간 존재의 총체적 변화에 필요한 시간을 상징적으로 나타냅니다.

첫 번째 7일 동안 웅녀는 육체적 변화를 겪습니다. 이때는 곰의 몸에서 인간의 몸으로 변화하는 과정으로, 외형적 변모가 일어나는 시기입니다. 두 번째 7일 동안은 정신적, 내면적 변화가 일어납니다. 웅녀는 자신의 새로운 정체성을 받아들이고, 인간의 마음을 가지게 됩니다. 마지막 7일 동안은 영적인 변화가 일어나는데, 이는 웅녀가 완전히 새로운 존재로 거듭나는 과정을 의미합니다.

웅녀는 이제 단순한 동물이 아니라, 영적인 존재로서의 인간이 된 것입니다. 이렇듯 웅녀의 21일은 존재의 본질적 변화를 위해 필요한 상징적 기간을 나타냅니다. 이것은 우리 인간에게도 마찬가지입니다. 진정한 변화와 성장을 위해서는 충분한 시간과 과정이 필요하며, 종종 외부적 기준이 아닌 내면의 리듬에 따라 이루어집니다.

오딘의 9일 역시 단순한 숫자가 아닙니다. 북유럽 신화에서 9는 완성과 지혜의 숫자로, 아홉 개의 세계가 세계수를 통해 연결되어 있다고 믿었습니다. 오딘이 9일 동안 매달린 것은 우주의 모든 차원을 경험하고 통합하는 과정으로 볼 수 있습니다.

현대 사회는 모든 것에 마감 시간을 정해둡니다. 하지만 내면의 진정한 변화는 이런 외부의 시간표를 따르지 않습니다. 각자의 내면에는 각자만의 고유한 리듬이 있습니다. 오딘과 웅녀의 이야기는 이 개인적 시간의 리듬을 존중하는 것의 중요성을 일깨워줍니다.

우리는 지금 각자의 이그드라실에 매달려 있거나, 각자의 동굴 속에서 변화의 시간을 보내고 있는지도 모릅니다. 어떤 이는 카페에서, 어떤 이는 도서관에서 또 다른 이는 회사 휴게실에서…. 하지만 그 시간이 전혀 헛되지 않으리라는 것을, 오딘과 웅녀의 이야기는 우리에게 들려주고 있습니다. 깊은 어둠 속에서도, 우리는 각자의 룬문자를 발견하고, 각자의 변화를 경험하게 될 것입니다.

그리고 그 변화는 결국 새로운 창조성을 발현하도록 이끌 것입니다. 단군신화에서 웅녀가 변신 후 아이를 갖고 싶다고 소망한 것은 진정한 창조성의 발현으로 볼 수 있습니다. 내면의 변화를 겪은 후에야 비로소 새로운 것을 창조할 수 있는 능력이 생기는 것입니다. 이는 마치 오딘이 룬문자를 발견한 후 시의 신이 된 것에 비유될 수 있습니다. 두 이야기 모두 고통스러운 변화 이후에 찾아오는 창조적 힘에 대해 말하고 있습니다.

오딘과 환웅의 이야기가 현대를 사는 우리에게 전하는 메시지는 명확합니다. 때로는 한쪽 눈으로 바라보기가 나타내듯 익숙한 관점을 버리고, 거꾸로 매달리거나 하늘에서 내려오는 것처럼 세상을 완전히 다른 시각에서 보며, 9일이든 21일이든, 필요한 시간을 충분히 기다릴 수 있는 용기가 필요하다는 것입니다. 이같은 과정을 통해 우리는 자신만의 '룬문자', 즉 삶의 진정한 의미와 방향을 발견하게 될 것입니다.

"아직 해결되지 않은 것들을 사랑하라."

릴케의 이 말은 방황하는 이들에게 깊은 위로가 됩니다.

방황의 시간이 주는 불확실성과 불안을 피하지 말라는 것이죠. 오딘이 깊은 어둠 속에서 룬문자를 발견하고 환웅과 웅녀가 서로 다른 세계에서 만나 새로운 문명을 창조한 것처럼, 우리도 방황의 시간 속에서 자신만의 고유한 진실을 발견하게 될 것입니다.

라빈의 이야기
두 번째,

변화를 기다린 소녀

멈춰 있는 것처럼 보이는 시간들,
내면 성장의 잠복기

라빈은 한동안 전혀 발전이 없는 것처럼 보였습니다. 상담이 진행되면서, 그녀는 한동안 놀러 오듯 이야기 상대를 만나러 와서 사소한 이야기만 하는 것처럼 보였습니다. 마치 환웅이 천상에서 지상으로 내려와 처음에는 인간 세계의 복잡함과 낯섦에 적응하느라 시간이 필요했던 것처럼, 그녀도 자기 내면으로 깊이 들어가는 여정을 시작하기 위해 준비 시간이 필요했던 것 같습니다.

실제로 상담을 통해 변화를 추구하는 내담자들은 처음에 상담하면서 마음이 편해지고 즐겁다고 이야기합니다. 그러나 그들이 원하는 변화에 대한 발전은 전혀 이루어지지 않는 것처럼 보입니다. 그렇게 한동안 시간이 그냥 의미 없는 잡담을 하듯 흘러가는 것처럼 느껴집니다. 내담자들은 종종 자신이 변하는 것이 맞는지 불안한 호소를 합니다. 어떤 청소년 상담의 경우, 부모는 매우 초조하게 자녀들이 변하지 않는 것에 불평하기도 합니다. 저는 언제나 내담자들의 투정과 하소연을 듣습니다. "마음은 편해진 것 같은데 전혀 달라진 것이 없는 것 같아요. 치료되는 것이 맞나요?" 이런 호소를 한다면 저는 상담이 제대로 되고 있다는 것을 확신합니다.

저의 초보 상담사 시절에는 내담자의 볼 맨 호소를 들을 때면 불안을 느꼈습니다. 그러나 20년 넘게 아직도 분석을 받는 저에게 이제 이런 무의미해 보이는 시간의 투자가 얼마나 중요한 순간인지 확신할 수 있습니다. 내면의 변화는 자신만의 고유한 시간표를 따라갑니다.

박사논문을 쓸 때의 경험이 떠오릅니다. 꿈에서 저는 여행에 필요한 짐을 잔뜩 챙기고 기차역으로 황급히 달려갔습니다. 기차 시간을 놓친 것 같은 불안감에 짐을 챙겨서 플랫폼으로 갔죠. 기차에는 사람들이 미어터질 만큼 자리가 없었어요. 그리고 이미 기차는 출발하고 있었습니다. 제가 망연자실하게 서 있는데, 독일인 여성 승무원이 제

기차표를 보더니 웃으면서 말했어요. '지금 떠난 건 10시 기차예요. 손님 표는 10시 10분이에요.' 잠시 후 도착한 제 기차는 쾌적하고 깨끗했습니다. 저는 편안하게 제 짐을 싣고 좌석에 앉아서 출발할 수 있었습니다.

이 꿈은 각자의 시간표가 있음을 일깨워주었고, 그 후 논문은 자연스럽게 완성되었습니다. 마찬가지로 상담에서의 변화도 일정한 머무름의 시간을 요구합니다. 그녀의 변화 역시 그렇게 찾아왔습니다. 오딘의 9일과 웅녀의 21일. 그녀에게도 수직적 전환을 위한 그녀만의 정지된 시간이 필요했던 것입니다.

깨어나는 마음, 꿈이 전하는 신호

일 년이 넘는 시간 동안 라빈은 저와 이야기를 나누고, 민담을 읽고, 꿈의 메시지를 이해하며 시간을 보냈습니다. 상담사인 저는 가시적인 변화가 관찰되지 않아 애가 탔지만, 그녀의 무의식은 소리 없이 성장하고 있었습니다. 저는 그녀를 위한 그릇이 되어주었고, 그녀의 보이지 않는 성장을 담아주는 것이 저의 일이었습니다. 환웅이 인간 세계에

도착했을 때 신단수 아래 신시(神市)를 열어 인간들의 삶을 담아내듯, 상담의 공간은 그녀의 내면 여정을 보호하는 신성한 장소가 되었습니다. 어느 날 그녀는 의미심장한 꿈을 꾸었습니다.

"엄마랑 카페에 갔어요. 아주머니 혼자 하시는 카페였는데, 이미 저녁이었는데도 아직 커피 준비가 안 됐다고 하시더라고요. 엄마가 이렇게 늦게 시작해서 언제까지 장사하느냐고 물으니 PM 6-9라고 하시더라고요."

이 꿈에서 커피는 중요한 상징적 의미를 지닙니다. 커피는 각성과 의식의 확장을 상징합니다. 우리는 잠을 깨고 일상을 시작할 때, 또는 중요한 일을 앞두고 정신을 집중해야 할 때 커피를 마십니다. 심리학적으로 커피는 무의식에서 의식으로의 전환, 잠자는 상태에서 깨어나는 상태로의 이행을 상징합니다. 반대로 커피는 휴식을 의미할 때도 있습니다. 그녀는 커피를 '각성'과 연관 지어 연상했습니다.

그녀의 꿈에서 커피가 아직 준비되지 않았다는 것은, 그녀의 심리적 각성과 변화가 아직은 때가 아님을 암시하고 있었습니다. 그녀의 조급함에 꿈은 커피가 아직 준비되지 않았다고 답하고 있습니다. 기다림이 필요하다고.

그녀의 꿈에서 '저녁'이 되어서야 카페가 문을 여는 것은 그녀의 현실 감정을 반영합니다. 그녀는 또래들이 이미 대학을 다니거나 직장 생활을 시작할 나이에 자신은 아직 시작도 하지 못했다는 초조함을 느끼고 있었습니다. "이렇게 늦게 시작해서"라는 어머니의 표현은 그녀의 내면에 있던 자책과 불안을 드러냅니다.

그러나 그녀에게는 자신만의 시간표가 필요합니다. 자책하는 마음, 그러나 아직은 조금 더 기다려야 합니다. 다시 말해 그녀만의 고유한 리듬이 있으며, 그 시간표대로 성장해도 괜찮다는 무의식의 메시지였습니다. 환웅이 가져온 천부인(天符印)처럼, 그녀 안에도 자신만의 내면의 지혜와 힘이 있었지만, 그 가치를 발견하고 활용하기 위해서는 때를 기다려야 했습니다.

이 시기에 그녀는 독일 민담 '개구리 왕자'를 새롭게 이해하기 시작했습니다. 징그럽고 싫기만 했던 개구리에 대한 느낌이 달라졌고, 개구리의 변화와 공주의 태도 변화에 주목하게 되었습니다. 자신 안의 거부하고 싶었던 감정들, 보기 싫었던 내면의 모습들을 마주하기 시작했고, 연상을 통해 민담은 새로운 의미로 다가왔습니다. 오딘이 한쪽 눈을 희생하여 다른 시각을 얻은 것처럼, 그녀도 기존의 제한된 시각에서 벗어나 자기 내면을 다른 관점에서 바라보기 시작했음을 의미합니다.

때때로 강박적 불안이 그녀를 덮쳤습니다. "항상 터널이 언제 끝날까 두려워요. 끝나기는 할까요?", "나는 왜 이럴까요? 이런 내 모습은 절대 변하지 않을 거 같아요." 그러나 오딘처럼, 그녀도 점차 이 불확실성을 받아들이며 인내하는 법을 배워갔습니다. 환웅은 천상의 완벽함을 뒤로하고 인간 세계의 불완전함과 마주했죠. 그녀도 자신의 불완전함과 마주하는 용기를 키워가고 있었습니다.

그러던 어느 날, 그녀는 나비의 꿈을 꾸었습니다.

"꿈에서 나비 세 마리가 집으로 들어왔어요. 깜깜한 밤인데 흰색, 갈색, 보라색의 나비들이 날아들었어요. 저는 아빠에게 나비를 살려달라고 했어요. 그러나 아빠는 제가 직접 나비들을 살려야 한다고 하셨고, 저는 그렇게 했어요."

개구리처럼 나비 역시 완전한 변신을 겪는 존재입니다. 우리는 나비의 아름다움만을 보지만, 그들도 누에고치 속에서 움직임 없는 시간을 보내야 합니다.

나비는 영혼의 변용Transformation [13]을 상징하는 가장 강력한 이미지 중 하나입니다. 알에서 애벌레로, 다시 번데기를 거쳐 나비가 되는 완전변태 과정은 인간 정신의 변화 과정과 매우 유사합니다. 그녀의 꿈에 등장한 세 마리의 나비는 의미심장합니다. 흰색은 순수성과 가능성을, 갈색은 대지와 현실성을, 보라색은 영성과 고귀함을 상징합니다. 이 세 가지 색의 나비는 그녀의 다양한 내면적 측면들이 조화롭게 통합되어가고 있음을 보여줍니다. 동양 문화에서 나비는 또한 변화와 재탄생, 그리고 영혼의 자유로움을 상징합니다. 장자의 호접몽(胡蝶夢)에서 나비는 존재의 근본적 변화와 관점의 전환을 상징했는데, 이는 오딘과 환웅이 경험한 수직적 전환과도 맥을 같이 합니다.

특히 주목할 점은 나비들이 '밤'에 나타났다는 것입니다. 일반적으로 나비는 낮의 생물이지만, 꿈에서는 밤에 등장했습니다. 말하자면 무의식의 영역(밤)에서 일어나는 변화가 의식의 영역(낮)으로 서서히 모습을 드러내기 시작했다는 것을 의미합니다. 아버지가 아닌, 이제는 그녀 스스로가 자신의 변화를 책임져야 할 때가 되었음을 암시합니다. 환웅이 하늘의 천부인을 인간 세상에 가져왔듯이, 그녀도 무의식의 지혜와 힘을 스스로 발견하고 활용할 수 있어야 하는 것이죠.

보이지 않던 것이 보이기 시작할 때, 의식의 확장과 통합

점차 그녀의 감정 상태가 안정되어갔습니다. 심한 감정 기복과 무기력, 우울에서 서서히 벗어나기 시작했습니다. 얼굴에 홍조가 돌고 일상이 규칙적으로 변해갔습니다. 상담 처음 과대한 자기 인식과 열등감을 오가던 모습에서, 있는 그대로 자신을 받아들이는 변화를 겪었습니다. 오딘은 한쪽 눈을 잃음으로써 오히려 더 깊은 내면의 시각을 얻게 되었죠. 그녀도 외적인 것에 대한 집착을 내려놓고 내면의 진실을 바라볼 수 있게 된 것입니다.

이 시기 그녀는 또 다른 의미심장한 꿈을 꾸었습니다.

"꿈에서 바퀴벌레가 집을 돌아다니고 있었어요. 제

가 잡으려 하자 갑자기 사마귀로 변했고, 한의사이
신 큰삼촌이 그걸 약재로 쓰자고 하시더라고요."

이 꿈은 그녀의 불안과 고통까지도 치유의 재료가 될
수 있음을 암시했습니다. 그녀 내면의 변화를 상징적으로
보여줍니다. 바퀴벌레는 그녀의 마음속에서 끊임없이 움
직이는 지나친 상상, 부정적인 사고들을 표현합니다. 이런
생각들은 그녀의 의식 가장자리에서 불안을 일으키고, 마
치 바퀴벌레처럼 어둠 속에서 예측할 수 없게 움직이며 그
녀를 괴롭혔습니다.

여기서 주목할 점은 바퀴벌레가 사마귀로 변했다는 것
입니다. 사마귀는 동양 문화에서 명상과 인내의 상징으로,
정신적 깨달음을 나타내기도 합니다. 사마귀는 한국어로
'사향'이라고도 하며, 전통적으로 집안에 좋은 기운을 가
져오는 길조로 여겨졌습니다. 특히 사마귀의 자세는 '기도
하는 듯한' 모습으로, 영적 수행과 내면의 집중을 상징합
니다. 중국 무술 '탕랑권'에서는 사마귀가 날카로운 집중
력과 빠른 반응의 상징으로 쓰이기도 합니다. 그런데 이
사마귀를 한의사인 큰삼촌이 약재로 사용하겠다고 했지

3장 오딘과 환웅   119

요. 꿈속에서 등장하는 인격은 내면의 또 다른 나의 모습으로 볼 수 있습니다. 삼촌의 처방은 그녀의 부정적 사고 패턴과 통제하기 어려웠던 마음의 움직임들이 이제는 치유와 성장의 재료로 변화될 수 있다는 무의식의 메시지입니다. 이전에는 그녀를 괴롭히던 생각들이 이제는 오히려 내면의 지혜와 치유의 원천이 될 수 있음을 꿈은 알려주고 있었습니다. 오딘이 자신의 고통을 통해 룬문자를 발견하고, 환웅이 인간 세계의 불완전함 속에서 새로운 문명을 창조한 것과 같은 맥락입니다.

독이 약이 될 수 있다는 것. 가장 해롭고 혐오스러운 것이 올바른 이해와 수용을 통해 치유의 핵심 요소로 변환될 수 있습니다. 이러한 점은 심리학적으로도 중요한 통찰을 제공합니다. 우리가 가장 싫어하고 거부하는 자기 부분들, 우리를 괴롭히는 감정과 생각들이 사실은 가장 강력한 치유의 잠재력을 품고 있다는 것입니다. 우리가 피하려 했던 바로 그 요소들이, 올바르게 마주하고 수용할 때 가장 값진 약이 될 수 있습니다. 그녀의 꿈은 이런 근본적인 변화의 가능성을 보여주고 있었습니다.

융은 우울 안에 보물이 있다고 했습니다. 우울이라는

심리적 겨울을 겪는 과정에서 우리는 평소에는 보지 못했던 자기 내면을 마주하게 됩니다. 오래전 제가 만났던 한 내담자의 사례가 이를 잘 보여줍니다. 만성적 우울증과 심각한 무기력증을 앓던 그 내담자는 상담 과정에서 자신의 가장 깊은 곳에 있는 문제와 마주하게 되었고, 그 과정에서 의미심장한 꿈을 꾸었습니다.

"꿈에서 매우 아름답고 풍요로운 강이 보였어요. 겨울이 되자 강은 갑자기 썰물이 되어버렸어요. 모든 강의 물은 사라지고 메마르고 춥고 황량한 강바닥이 드러났어요. 그런데 밀물일 때는 볼 수 없었던 강의 바닥에 작은 관목들이 있었고, 그 관목에 눈부시게 빛나는 황금 시계가 걸려있었어요."

융 심리학에서는 이런 과정을 니그레도nigredo[14]라고 부릅니다. 니그레도는 '검은 단계' 또는 '검은 작업'이라는 뜻으로, 중세 연금술에서 물질을 정제하기 위해 먼저 완전히 검게 태우는 과정을 의미했습니다. 융은 이 과정이 우리의 심리적 변화 과정과 매우 유사하다는 것을 발견했습니다. 연금술사들이 금을 만들기 위해 물질을 먼저 완전히 분해

3장 오딘과 환융   121

하듯, 우리의 심리도 완전히 해체된 상태와 같은 우울을 겪어야 새로운 탄생이 가능해집니다.

니그레도 단계에서는 모든 것이 무의미해 보이고, 희망이 보이지 않는 깊은 어둠을 경험합니다. 그러나 이 시기는 내면의 근본적인 변화를 위한 필수적인 과정입니다. 이전의 낡은 자아가 녹아내리고 새로운 자아가 태어나기 위한 준비 기간입니다. 마치 씨앗이 땅속의 어둠 속에서 껍질을 벗고 새싹을 틔우듯, 우리의 정신도 이러한 어둠의 시기를 거쳐야 진정한 변화가 시작됩니다. 웅녀가 어두운 동굴 속에서 21일을 보내고 인간으로 변한 것처럼 말이죠.

라빈 역시 그와 같은 과정을 거쳤습니다. 꿈속의 바퀴벌레가 사마귀로 변하고 약재로 변하자, 메마른 강바닥에서 황금 시계가 발견된 것처럼, 우울이라는 어둠 속에서 오히려 귀중한 자기 발견이 일어나게 됩니다. 이 꿈은 그녀에게 상처로만 치부되었던 지난 과거와 화해할 수 있는 여지를 남겼습니다. 과거와 화해는 곧 외면의 변화로 이어졌습니다. 그녀는 검정고시로 고등학교를 졸업하고, 그간 하고 싶었던 일에 도전하기 시작했습니다. 사랑스럽게 변해가는 그녀의 외모는 이미 그녀 안에서 소리 없이 다져진 내면의 성장의 작은 부분에 불과했습니다. 바람을 만난 돛단배처럼 그녀의 변화는 가속되어갔습니다. 그녀는 자기 내면에서 발견한 다양한 힘들을 활용하여 단단한 자신만의 세계를 구축해나가기 시작했습니다. 타인의 아류가 아닌 개성 넘치는 자신의 고유한 색으로 말이죠.

물론 가끔씩 예전의 태도로 돌아가려는 순간도 있었지만, 꿈을 통해 다시 힘을 얻고 전진했습니다. 이미 시작된 내면의 불꽃은 꺼지지 않았습니다. 융이 말한 개성화 과정에서처럼, 진정한 변화란 오히려 어떤 것도 변하지 않는 정지된 상태에서 시작되는 법이죠. 겨울의 대지가 눈 아래서 봄을 준비하고, 나비는 번데기 속에서 조용히 자신을 재구성하죠. 성장의 시작은 땅속에 숨어 있는 그때부터입니다.

이제 그녀는 자신의 이야기에서 새로운 장을 열었습니다. 오딘이 이그드라실에서 내려와 진정한 지혜를 얻었듯이, 환웅이 인간 세계에서 새로운 문명을 창조했듯이, 그녀도 자기 내면에서 얻은 통찰로 새로운 세상을 만나고 있습니다. 상담실의 문을 열고 나가는 그녀의 발걸음에는 더 이상 주저함이 없습니다. 이것은 단순한 증상의 호전이 아

닌, 융이 말한 진정한 자기와의 만남이 이루어졌음을 보여
주는 징표입니다. 동서양의 신화가 보여주는 수직적 전환
의 지혜가 현대를 사는 한 소녀의 삶에서 구현된 순간이었
습니다.

4장
미로 속 아리아드네와 바리데기
- 버려짐이 열어주는 치유의 길 -

"길은 미로 같아도, 중심은 너 자신이다."

- 힐데가르트 폰 빙엔 (Hildegard von Bingen)-

지금, 이 순간에도 수많은 현대인이 자신만의, 보이지 않는 미로 속에서 길을 잃고 있습니다. 서울의 한 고층 사무실에서 다음 분기 보고서를 작성하는 직장인, 자정이 넘은 시간 스마트폰 화면을 끝없이 스크롤 하는 청년, 자신이 진정 원하는 삶이 무엇인지 고민하며 새벽길을 걷는 중년의 여성—이들 모두는 방향 감각을 상실한 채 길을 찾고 있습니다.

오딘이 자발적으로 선택한 9일간의 매달림이 세상을 보는 새로운 눈을 얻게 해주었다면, 이제 우리는 더 복잡한 형태의 '길 잃음'을 만나게 됩니다. 크레타섬의 미로 속에서 테세우스가 마주한 것은 단순한 방향 감각의 상실이 아니었습니다. 그것은 자신의 그림자와 대면해야 하는 운명적 만남이었습니다.

현대를 살아가는 우리에게 미로는 더 이상 물리적 공간이 아닙니다. 그것은 우리의 내면에 존재합니다. 겉으로는 모든 것이 명확해 보이는 삶 속에서도, 우리는 종종 깊은

혼란을 경험합니다. 진로, 관계, 정체성 등과 관련된 근본
적인 질문들 앞에서 우리는 여전히 미로 속에 선 테세우
스와 다르지 않습니다.

아리아드네의 실타래는 이런 현대인의 실존적 혼란 속
에서 특별한 의미가 있습니다. 그것은 단순한 길 찾기의
도구가 아닌, 우리 내면의 진실과 연결된 끈이기 때문입니
다. 마치 꿈이 우리에게 보내는 메시지처럼, 우리의 무의식
은 끊임없이 우리에게 '실타래'를 건네고 있습니다. 문제는
우리가 그것을 알아차리고 믿을 수 있느냐 하는 것입니다

미로의 심장에서 만난 괴물 | 내면의 어둠과 대면하기
테세우스와 아리아드네: 그리스의 미로 이야기

크레타섬의 미노스 왕국에는 어두운 비밀이 있었습니다. 왕비 파시파에가 흰 황소와의 사이에서 낳은 미노타우로스, 황소의 머리와 인간의 몸을 가진 괴물이 그것이었습니다. 이는 미노스 왕이 포세이돈에게 한 약속을 어긴 대가였습니다. 포세이돈은 미노스가 왕위를 차지할 수 있도록 바다에서 아름다운 흰 황소를 보내주었고, 미노스는 그 황소를 다시 포세이돈에게 바치기로 약속했습니다. 하지만 미노스는 그 황소의 아름다움에 반해 약속을 어기고 다른 황소를 바쳤고, 분노한 포세이돈은 왕비를 향한 부자연스러운 욕망으로 저주했습니다.

이 끔찍한 치욕을 감추기 위해 미노스 왕은 위대한 장

132 꿈이 답하다

인 다이달로스를 불렀습니다. 다이달로스는 '라비린토스 labyrinth'라 불리는 거대한 미로를 설계했습니다. 이 미로는 너무나 정교해서 다이달로스 자신조차도 한번 들어가면 빠져나오기 힘들었다고 합니다. 미로의 벽은 거대한 돌로 지어졌고, 수많은 방과 통로가 서로 얽혀 있어 방향 감각을 완전히 잃게 했습니다. 이후 미노스는 아테네와의 전쟁에서 승리한 뒤, 매년 일곱 명의 젊은 남자와 일곱 명의 젊은 여자를 미로에 제물로 바치도록 했습니다. 이들은 모두 미노타우로스의 먹이가 되었습니다.

세 번째 해가 되었을 때, 아테네의 왕자 테세우스가 자원하여 제물이 되기를 자청했습니다. 그의 아버지 아이게우스 왕은 적극적으로 만류했지만, 테세우스는 이 잔혹한 관습을 끝내겠다며 크레타로 향했습니다. 크레타에 도착한 테세우스를 본 미노스 왕의 딸 아리아드네는 첫눈에 그를 사랑하게 되었습니다. 그녀는 밤마다 다이달로스를 찾아가 미로의 비밀을 물었고, 결국 해결책을 찾아냈습니다. 아리아드네는 테세우스에게 금빛으로 빛나는 실타래를 건네며 말했습니다.

"이 실타래가 당신의 생명줄이 될 거예요. 미로에 들어가기 전, 입구에 실의 한쪽 끝을 단단히 묶으세요. 안으로 들어가면서 실을 조금씩 풀어가되, 절대로 실을 놓치면 안 됩니다. 미노타우로스를 물리친 후에는 이 실을 따라 되돌아오면 돼요. 하지만 명심하세요. 한 번이라도 실을 놓치면, 영원히 미로 속에서 헤매게 될 거예요."

테세우스는 날이 밝자 미로로 들어갔습니다. 미로의 통로는 끝없이 이어졌고, 모든 벽과 모퉁이가 똑같아 보였습니다. 시간이 지날수록 방향 감각은 완전히 사라졌지만, 그의 손에는 아리아드네의 실타래가 있었습니다. 마침내 그는 미노타우로스와 마주쳤고, 맨손으로 괴물과 싸워 승리를 거두었습니다.

미로를 빠져나온 테세우스는 약속대로 아리아드네를 데리고 아테네로 향했습니다. 하지만 낙소스섬에 들렀을 때, 그는 잠든 아리아드네를 홀로 남겨두고 떠나버렸습니다. 버려진 아리아드네는 깊은 절망에 빠졌지만, 그녀의 이야기는 여기서 끝나지 않았습니다. 포도주의 신 디오니소스가 그녀를 발견하고 사랑에 빠졌기 때문입니다. 디오니소스는 아리아드네를 자기 신부로 맞이했고, 그녀의 왕관을 하늘로 던져 별자리로 만들었습니다. 지금도 북쪽 하늘에

서 빛나는 '아리아드네의 왕관' 별자리는 이 이야기를 전해
주고 있습니다.

미로의 심장에서 만난 괴물 | 내면의 어둠과 대면하기
바리데기: 저승을 건너간 무당의 시조

무당이 되는 것은 선택이 아니었습니다. 그것은 부름이었습니다. 한국의 무속 신화에서 가장 강렬한 이야기 중 하나인 바리데기 설화는 버려짐과 치유의 강력한 여정을 그려냅니다. 이 이야기는 지금도 망자를 위한 천도굿에서 무당들이 구송하는 중요한 서사시입니다.

옛날 어느 왕국에, 오구왕과 그의 왕비가 있었습니다. 그들에게는 치명적인 집착이 하나 있었습니다. 대를 이어 왕이 될 아들에 대한 갈망이었습니다. 그러나 왕비는 연이어 딸만 여섯을 낳았고, 왕은 그들을 보며 실망의 한숨만 내쉬었습니다.

왕비는 일곱 번째 아이를 가졌습니다. 왕은 이번에야말

로 아들이 태어나기를 간절히 빌었습니다. 하지만 운명은 잔혹했습니다. 태어난 것은 또다시 딸이었습니다. 분노에 사로잡힌 왕은 소리쳤습니다.

"이 저주받은 아이를 당장 버려라!"

갓난아기는 차가운 돌함에 담겨 깊은 산속에 버려졌습니다. 하지만 여기서 기적이 일어났습니다. 산신령이 이 아이를 불쌍히 여긴 것입니다. 까마귀와 까치가 벌레와 열매를 물어다 주었고, 곰과 호랑이가 번갈아 가며 아기를 품에 안고 따뜻하게 해주었습니다.

세월이 흘러 바리는 아름다운 소녀로 성장했습니다. 그녀의 이름, 바리. 버려진 아이라는 뜻입니다. 어느 날, 궁중의 무당이 왕에게 경고했습니다.

"왕과 왕비께서 곧 죽을병에 걸리실 것이며, 오직 서쪽 저승의 생명수만이 그 병을 치료할 수 있을 것입니다."

예언대로 왕과 왕비는 설명할 수 없는 기괴한 병에 걸렸습니다. 그들의 몸은 점점 말라갔고, 정신은 혼미해졌습니다. 어떤 의원도 손을 대지 못했고, 어떤 약재도 효과가 없었습니다. 죽음의 그림자가 왕궁을 덮었습니다. 그때, 궁중의 한 늙은 유모가 떨리는 목소리로 말했습니다.

4장 미로 속 아리아드네와 바리데기 137

"폐하께서 버리신 일곱째 공주가 아직 살아 있습니다. 그 아이만이⋯. 그 아이만이 저승에서 생명수를 구해올 수 있을 것입니다."

궁중에서는 숲으로 사람을 보내 바리를 찾았습니다. 낯선 사람들로부터 자신의 출생에 얽힌 사연과 자신이 해야만 하는 일에 대해 알게 된 바리는 놀라운 결정을 내렸습니다. 자신을 버린 부모를 구하기 위해 저승으로 가겠다는 것이었습니다.

"비록 버림받았지만, 그들은 여전히 제 부모입니다.

제가 생명수를 구해오겠습니다."

바리의 여정은 단테의 『신곡』보다도 더 끔찍하고 환상적이었습니다. 그녀는 먼저 가시덤불 산을 넘어야 했습니다. 수천 개의 날카로운 가시가 그녀의 살을 찢고 피를 빨아들였습니다. 그다음은 불타는 화염산이었습니다. 끝없는 지옥 불이 그녀를 태우려 했지만, 바리는 굴복하지 않았습니다. 세 번째 시련은 얼음 바다였습니다. 차가운 물이 그녀의 몸을 얼려 죽이려 했지만, 부모에 대한 사랑이 그녀를 살려냈습니다. 마지막 관문은 가장 끔찍했습니다. 망자들의 강이었습니다. 강물은 시커멓고 독성이 있었으며, 그

속에서는 죽은 자들의 비명 소리가 끊임없이 울려 퍼졌습니다.

이 모든 시련을 이겨낸 바리 앞에 마침내 저승의 문이 나타났습니다. 그 문 위에는 "산 자는 들어올 수 없다"라는 글귀가 선명하게 새겨져 있었습니다. 하지만 바리는 그 문을 두드렸습니다. 문이 열리자, 저승의 왕 무조대왕(巫祖大王)[15]이 나타났습니다. 그는 인간도 귀신도 아닌 기괴한 모습이었습니다. 그의 눈은 불타는 듯 붉었고, 목소리는 천둥처럼 울렸습니다.

"감히 산 자가 이곳에 와서 무엇을 원하느냐?"

바리는 떨리는 목소리로 자신의 사연을 털어놓았습니다. 무조대왕은 그녀의 효심에 감동했지만, 저승의 법칙은 쉽게 어길 수 없었습니다.

"생명수를 주겠다. 하지만 대가가 있다.

네가 나의 아내가 되어야 한다."

이는 상상할 수 없는 제안이었습니다. 살아있는 인간이 죽음의 왕과 결혼한다는 것은 자신의 운명을 영원히 저승에 묶어두는 것이었습니다. 하지만 바리는 단 한 순간도 망설이지 않았습니다.

"그렇게 하겠습니다."

바리와 무조대왕의 결혼식은 이 세상 어떤 결혼식과도 달랐습니다. 저승의 모든 귀신이 참석했고, 죽은 자들이 축가를 합창하였습니다. 이 기괴한 결합에서 바리는 일곱 명의 아들을 낳았습니다. 그 아이들은 반은 인간, 반은 신령이었습니다. 몇 년이 지난 후, 무조대왕은 마침내 약속을 지켰습니다. 그는 바리에게 생명수를 주었습니다. 그 물은 투명했지만, 그 안에는 우주의 모든 생명 에너지가 담겨 있었습니다.

바리가 일곱 아들과 함께 인간 세계로 돌아왔을 때, 이미 늦어버린 것 같았습니다. 왕과 왕비는 죽어서 관 속에 누워 있었고, 장례식이 한창이었습니다. 하지만 바리는 포기하지 않았습니다. 그녀는 관을 열고 생명수를 부모의 입에 떨어뜨렸습니다.

그 순간, 기적이 일어났습니다. 죽은 자들이 숨을 쉬기 시작했습니다. 차가워진 몸에 온기가 돌았고, 굳어진 관절이 움직이기 시작했습니다. 왕과 왕비는 깊은 잠에서 깨어나듯 눈을 떴습니다.

부활한 부모는 자신들의 잘못을 깊이 뉘우쳤고, 바리를

진정한 공주로 인정했습니다. 바리는 미소를 지으며 그들을 용서했습니다. 그 순간, 그녀는 더 이상 버려진 공주가 아니었습니다. 그녀는 생명과 죽음을 다스리는 위대한 신이 되었습니다.

두 이야기의 만남,
여성성의 지혜와 힘

테세우스와 아리아드네의 그리스 신화와 바리데기의 한국 무속 신화는 서로 다른 문화적 배경에서 발생했지만, 유사한 주제를 다루고 있습니다. 두 이야기의 중심에는 길을 잃은 이들을 인도하고 죽은 자를 소생시키는 여성적 지혜가 있습니다. 아리아드네는 미로에서 길을 잃지 않도록 테세우스에게 미리 실타래를 주어 실타래를 주어 빠져나올 수 있게 했고, 바리데기는 저승에서 생명수를 가져와 죽은 부모를 소생시켰습니다. 두 여성은 모두 혼돈과 죽음의 영역에서 질서와 생명을 회복시키는 중재자 역할을 했습니다.

두 여성은 아니마와 대모 원형의 전형적인 표현으로 이해할 수 있습니다. 아니마는 남성 내면에 있는 여성적 측면으로, 감성, 직관, 관계성의 능력을 상징합니다. 테세우스에게 아리아드네가 그러했듯이, 아니마는 우리의 이성적 자아가 무의식의 미로에서 길을 잃지 않도록 인도하는 내적 안내자입니다. 대모 원형은 더 보편적인 여성성의 표현으로, 생명을 낳고 키우고 변화시키는 근원적 힘을 상징합니다. 바리데기가 생명수로 죽은 부모를 소생시킨 것처럼, 대모는 소멸과 재생의 순환을 주관합니다.

동양 철학에서도 이러한 여성적 원리의 중요성을 발견할 수 있습니다. 도교에서는 이를 '현빈(玄牝)'이라 부르는데, 이는 '신비로운 모궁(자궁)'이라는 뜻으로 우주 창조의 여성적 원천을 의미합니다. 『도덕경』 6장에는 "골짜기의 신령함은 죽지 않으니, 이를 현빈이라 한다"라고 했는데, 이는 생명의 근원이자 모든 존재의 어머니로서의 여성적 원리를 뜻합니다.

한국의 무속 신앙에서 여성 무당이 중심 역할을 하는 것도 이러한 여성적 지혜의 가치를 반영합니다. 무당은 이승과 저승을 연결하는 중재자로, 죽은 자의 혼을 인도하고 산 자를 치유하는 역할을 합니다. 바리데기가 이승과 저승을 오가며 생명수를 가져온 것처럼, 무당은 경계를 넘나들며 영적 지혜를 전달합니다.

흥미로운 것은 두 이야기 모두에서 여성 주인공이 상징하는 지혜가 제도화된 권력이나 논리적 지식이 아닌, 직관과 공감에 기반한다는 점입니다. 아리아드네의 실타래는 미로의 구조에 대한 지식이 아니라, 테세우스와의 감정적 연결에서 비롯된 도움이었습니다. 바리데기가 저승을 건널 수 있었던 것도 부모에 대한 사랑과 용서라는 감정적 동기가 있었기 때문입니다.

두 이야기는 현대 사회에서 종종 간과되는 '관계적 지혜'의 가치를 상기시킵니다. 논리와 이성만으로는 삶의 미로에서 길을 찾기 어렵습니다. 진정한 길 찾기에는 직관, 공감, 감정적 연결이라는 여성적 지혜가 필요합니다. 실타래가 단순한 도구가 아니라 아리아드네와 테세우스를 연결하는 정서적 끈이었듯이, 우리의 내면 지혜도 관계 속에서 발현됩니다.

또한 여성 주인공들은 모두 '버려진' 경험을 통해 더 깊은 변환을 이룹니다. 아리아드네는 테세우스에게, 바리데기는 부모에게 버림받았지만, 이 고통스러운 경험이 오히려 그들의 성장과 신적 변환의 계기가 되었습니다. 이들의 경험은 상처 입은 치유자 원형과 연결됩니다. 자신의 상처를 통해 더 깊은 치유의 능력을 발견하는 것입니다.

여성성이 지닌 지혜의 힘은 결국 '연결'에 있습니다. 의식과 무의식, 이성과 직관, 개인과 집단, 삶과 죽음 사이의 연결을 만들어내는 것입니다. 이는 단절된 현대 사회에서

144 꿈이 답하다

우리가 절실히 필요로 하는 지혜입니다. 미로에서 길을 잃고, 생명력을 상실한 채 방황하는 현대인에게 아리아드네와 바리데기의 이야기는 잊힌 여성적 지혜의 가치를 일깨워줍니다.

미로와 저승길, 변환을 위한 여정

미로와 저승은 두 이야기에서 주인공들이 통과해야 하는 결정적 공간입니다. 이 공간들은 물리적 장소로서의 의미뿐만 아니라 변화가 일어나는 심리적 영역을 상징합니다. 매우 복잡한 구조를 갖추고 있어서 한번 들어가면 절대 길을 찾지 못하고 헤매게 되어 있고, 결국 중심부에 도달해서는 미노타우로스에게 잡아먹히게 되는 것이 크레타의 미로입니다. 다이달로스가 설계한 것으로 유명하지요. 이 미로의 이미지는 우리 내면의 복잡성과 혼란을 나타냅니다. 의식적 자아가 무의식의 깊은 층위로 들어갈 때 방향 감각을 잃고 두려움에 휩싸이게 되는데, 이것이 미로의 경험과 통합니다.

바리데기가 걸어간 저승길도 유사한 상징성을 지닙니다.

그녀는 가시덤불 산, 불타는 화염산, 얼음 바다라는 세 가지 시련을 통과해야 했습니다. 비판적이고 비난하는 자신에 대한 끊임없는 부정적 사고의 덤불을 상징하는 가시덤불, 자아를 삼켜버릴 듯한 지나친 감정 과잉의 상태, 통제할 수 없이 강렬한 감정을 의미하는 화염산, 냉담함과 정서적 단절, 깊은 슬픔의 상태를 상징하는 얼음 바다. 바리데기는 이 세 가지 극단적 심리 상태를 모두 통과해야 저승에 도달할 수 있었습니다. 저승으로의 여정은 무의식의 심층으로 들어가는 것인데, 이때 만나는 장애물은 심리적 저항과 도전을 상징합니다.

찌르는 가시는 우리를 괴롭히는 멈출 수 없는 자기 비난의 사고들인데 우선 이것부터 통과하고 나서 화염과 얼음을 지나갑니다. 그같은 여정은 무의식의 의식화 과정과 자아의 분화 과정을 보여줍니다. 자아가 미분화된 무의식으로부터 분리되어 독립적 의식으로 발달하기 위해서는 위와 같은 내면의 풍경들을 통과하는 여정이 필요합니다.

미로 속의 헤맴이나 저승을 찾아가는 길은 모두 중심을 향합니다. 테세우스는 미로에서 길을 잃고 헤매었으나, 실은 미로의 구조에 따라 어쩔 수 없이 점점 더 깊이 중심부를 향해 가고 있었습니다. 드디어 중심에 이르렀을 때 그는 미노타우로스와 대면해야 했고, 그 대면은 곧 죽음을 의미했습니다. 바리가 떠난 저승길 역시 저승의 입구에서 끝난 것이 아니지요. 더 깊은 중심을 향해 가야 만날 수 있는 상대가 무조대왕입니다. 테세우스가 미노타우로스와 대면한 것, 바리가 무조대왕과 대면한 것 모두 자기와의 만남을 상징합니다.

그러나 이들의 여정은 그 만남에서 종결되는 것이 아닙니다. 테세우스는 미노타우로스를 칼이 아닌 맨손으로 물리쳤고, 바리데기는 저승의 금기를 깨고 살아있는 인간으로서 무조대왕과 결혼했습니다. 그리고 아이를 일곱 낳을 때까지 함께 살아야 했지요. 그러고 나서 이들은 애초에 뜻했던 바를 성공적으로 이룹니다. 이들의 성공 배경엔 관습적인 방법이 아닌 창조적인 접근이 있었습니다. 깊은 내면의 여정에서는 기존의 패턴과 규칙을 초월하는 창조적 해결책이 필요한 법입니다.

미로와 저승길은 결국 '변환의 공간'입니다. 그곳을 통과하는 과정에서 주인공들은 이전과는 다른 존재로 거듭납니다. 테세우스는 단순한 아테네의 왕자에서 미노타우로스를 물리친 영웅으로, 바리데기는 버림받은 공주에서 생사를 주관하는 신적 존재로 변화합니다.

현대인의 삶에서도 이야기 속 '미로'와 '저승길'의 경험은 불가피합니다. 우리는 삶의 중요한 전환점에서 방향 감각을 잃고, 두려움과 혼란을 경험합니다. 정체성의 위기, 관계의 상실, 직업적 좌절 등이 미로 경험일 수 있습니다. 하지만 아리아드네와 바리데기의 이야기가 말해주듯, 이 혼란의 공간을 진정으로 통과할 때 우리는 더 깊은 자기 이해와 변환을 경험할 수 있습니다.

방향을 잃은 여정에는 융 심리학에서 자주 거론하는 의식적 참여conscious participation가 요구됩니다. 그것은 내면에서 일어나는 작은 움직임에 무심히 등을 돌리지 않고, 그 앞에 잠시 멈춰 서보려는 조용한 태도입니다. 빠르게 결론을 내리거나, 바꿔야 한다는 조급함에 휩쓸리기보다는 아직 말로 설명되지 않은 상태 자체를 그대로 살아보는 용기, 무엇이 옳은지보다 무엇이 일어나고 있는지를 지켜보려는 정직함이 더 중요합니다. 때로는 아무것도 하지 않음으로써, 우리는 비로소 그 안에 머무는 자신을 알아차리게 됩니다.

실타래와 생명수,
내면의 안내자와 치유의 원천

아리아드네가 테세우스에게 준 실타래와 바리데기가 저 승에서 가져온 생명수는 두 이야기의 핵심 상징입니다. 실 타래와 생명수는 모두 우리 내면에 있는 지혜와 치유의 원 천을 상징합니다.

실타래는 혼란 속에서도 방향을 찾게 해주는 안내선입 니다. 아리아드네가 테세우스에게 했던 당부를 기억해보 세요. "실의 한쪽 끝은 반드시 입구에 묶어두세요. 그리고 절대로 그 실을 놓치지 마세요." 이 단순한 충고에는 깊은 지혜가 담겨 있습니다. 아무리 미로 깊숙이 들어가더라도, 우리는 자신의 근원, 우리의 본질과의 연결을 유지해야 한 다는 것입니다.

실은 동서양 문화권에서 모두 중요한 상징입니다. 그리 스 신화에서는 운명의 세 여신 모이라이가 인간의 생명을 실로 측정하고 잘랐습니다. 동양에서는 '적사선(赤絲線)'이 라 하여 운명적으로 맺어질 사람들의 발목을 잇는 붉은 실의 개념이 있습니다. 실은 '연결'의 상징이며, 특히 보이 지 않는 인연과 내적 연속성을 나타냅니다. 놓치지 말아야

4장 미로 속 아리아드네와 바리데기   **149**

하는 한 끝, 그 끝을 붙들고 살살 풀어내며 길을 찾아가는 이미지에서 실타래는 우리 내면의 직관을 상징합니다.

논리적 사고가 미로 속에서 방향을 잃을 때 직관은 우리에게 미묘한 안내를 제공합니다. 놓치지 않고 감각하고 있을 때 그것을 따라갈 수 있게 되지요. 우리 삶의 사건들도 그렇게 길을 찾아가고 연결될 때 하나의 의미 있는 이야기로 엮이고, 이를 통해 우리는 방향 감각을 유지할 수 있습니다. 실타래는 이처럼 내러티브의 중요성을 상기시키기도 합니다.

불교 경전인 『화엄경』에서는 "한 실이 모든 보석을 꿰뚫는다(一線貫珠)[16]"라는 표현이 있습니다. 수많은 가르침과 깨달음이 하나의 실로 꿰어질 때 진정한 지혜가 된다는 뜻입니다. 마찬가지로 우리 삶의 여러 경험이 의미의 실로 연결될 때, 비로소 미로 속에서도 길을 잃지 않게 됩니다.

티베트 불교에는 '바르도 퇴돌Bardo Thödol[17]', 죽음과 재생 사이의 중간 상태를 안내하는 가르침이 있습니다. 이 가르침은 죽은 자의 영혼이 사후 세계의 미로를 헤매지 않도록 인도하는 지침서입니다. 살아있는 사람이 죽은 이의 귀에 읽어주는 이 경전은 마치 아리아드네의 실타래처럼,

혼란스러운 중간계에서 길을 잃지 않도록 돕는 영적 안내선입니다. "두려워하지 말라, 이 모든 현상은 너의 마음이 만들어낸 것이다"라는 가르침은 미로 속의 공포가 실은 우리 내면의 투사임을 일깨워줍니다.

실타래와 함께 매우 중요한 의미를 전하는 상징이 생명수입니다. 그것은 죽은 자를 살리고 단절된 관계를 회복시키는 치유의 원천입니다. 바리데기가 저승에서 가져온 생명수는 그녀의 부모를 소생시켰을 뿐만 아니라, 오랜 갈등과 단절의 역사도 치유했습니다. 중국 도교의 '단약(丹藥)'이나 한국 무속의 '감로수(甘露水)'처럼, 생명수는 동양 전통에서도 중요한 상징입니다. 불교에서는 관세음보살이 버드나무 가지에서 떨어뜨리는 '감로수'가 모든 고통을 씻어준다고 전해집니다. 이 감로수는 단순한 물이 아니라 자비와 지혜의 본질입니다.

특히 『법화경』에 나오는 약왕보살의 이야기는 생명수의 의미를 더욱 깊게 보여줍니다. 약왕보살은 전생에 일체중생희견보살로서, 중생을 구하기 위해 자신의 몸을 태워 공양했습니다. 그의 희생은 마치 영적인 생명수가 되어 무수한 중생들의 마음을 정화하고 치유했습니다.

한국 무속에서는 무당이 굿을 할 때 물을 뿌리며 정화와 소생의 의식을 행합니다. 의례에서 물은 존재의 본질적 변화를 가능케 하는 영적 촉매제가 됩니다. 심리학적으로 생명수는 우리 내면의 재생 능력, 상처에서 회복하고 새로운 시작을 할 수 있는 능력을 상징합니다.

실타래와 생명수가 주는 통합적 메시지는 '연결과 치유'입니다. 실타래가 미로 속에서 길을 잃지 않도록 도와준다면, 생명수는 여정 중에 입은 상처를 치유합니다. 우리 삶에서도 이 두 가지 원리가 필요합니다. 우리는 자신의 근원과 본질에 연결된 상태를 유지하면서도, 삶의 상처와 단절을 치유할 수 있는 내면의 원천을 찾아야 합니다.

깨진 그릇을 금으로 수선하는 일본의 '긴츠기Kintsugi' 예술처럼 말이죠. 긴츠기에서는 깨진 부분을 숨기지 않고 오히려 금으로 강조함으로써, 상처와 수선의 역사가 그릇의 아름다움과 가치를 높인다고 봅니다. 우리 삶의 깨어진 부분들도 마찬가지입니다. 그것을 부정하거나 숨기는 것이 아니라, 생명수와 같은 내면의 치유력으로 회복할 때 우리는 더 온전한 존재가 됩니다.

우리 모두의 내면에는 아리아드네의 실타래와 바리데기

의 생명수가 있습니다. 이들은 아니마와 여성적 원리의 치유적 측면을 반영하며, 미로에서 길을 잃고 상처받은 상태에서도 우리를 인도하고 치유할 수 있는 내재의 지혜입니다. 실타래는 자기 내면을 경청하는 법을, 생명수는 자신의 상처를 수용하고 변환시키는 법을 가르쳐줍니다. 실타래와 생명수는 우리 내면의 여성성이 긍정적으로 작동할 때 모습을 드러냅니다. 여성성과의 연결은 우리에게 길을 찾는 지혜를 제공합니다.

버려짐과 화해,
상처에서 찾는 힘

두 이야기에서 가장 고통스러운 모티프는 '버려짐'입니다. 바리데기는 태어나자마자 부모에게 버려졌고, 아리아드네는 그녀가 구해준 테세우스로부터 버림받아 낙소스섬에 홀로 남겨졌습니다. 그러나 역설적으로 이 버려짐이 그들의 독립적인 여정과 신적 변환의 시작점이 되었습니다.

버려짐은 심리학적으로 '분화'의 과정으로 이해할 수 있습니다. 융 심리학에서는 자아가 원초적인 무의식으로부터 분화되어야 건강한 성장이 가능하다고 봅니다. 때로는

4장 미로 속 아리아드네와 바리데기 153

우리가 속했던 안전한 공간으로부터 '버려져야' 진정한 자기를 발견할 수 있습니다.

특히 부모에게 버려진다는 것은 상징적으로 부모의 기대와 가치관에서 벗어나, 자신만의 길을 찾아가는 과정을 의미합니다. 바리데기가 부모에게 버려진 후 자신만의 여정을 시작했듯이, 우리도 때로는 타인의 기대와 정의에서 벗어나 자신의 진정한 정체성을 찾아야 합니다.

테세우스에게 버림받은 아리아드네의 경험도 마찬가지입니다. 그녀는 테세우스를 통해 자신의 가치를 정의하던 상태에서 벗어나, 자신만의 신적 정체성을 발견했습니다. 그 의미는 타인과의 관계에 지나치게 의존하던 상태에서 벗어나, 독립적인 자기 인식을 발달시키는 과정을 상징합니다.

버려짐의 경험이 지닌 가장 중요한 역설은, 그것이 집단성에서 벗어나 자기 본질에 더 깊이 연결될 수 있다는 점입니다. 바리데기는 부모에게 버림받았지만, 결국 생명수를 가져와 부모를 소생시키고 더 깊은 화해를 이루었습니다. 요컨대 버려짐으로 인한 독립이 기존의 병리적 관계를 개선할 수 있었던 것입니다. 이러한 화해의 의미는 동양 사상의 '회귀(回歸)'의 개념과도 연결됩니다. 노자는 "도(道)에 따르는 것은 돌아가는 것이다"라고 했습니다. 진정한 여정은 원점으로의 단순한 회귀가 아니라, 깊은 변화를 거친 후 더 높은 차원에서 근원과의 재결합입니다.

바리데기가 부모에게 돌아왔을 때, 그녀는 이미 단순한 공주가 아닌 신적 존재로 변화해 있었습니다. 실제로 바리데기는 부모를 용서했을 뿐만 아니라, 그들을 새로운 삶으로 부활시켰습니다. 이러한 과정은 상처 주는 관계를 용서하는 것을 넘어, 그 관계 자체를 변환시키는 깊은 치유의 가능성을 보여줍니다. 그녀의 저승 여행은 자신의 상처를 치유할 뿐만 아니라, 그 상처의 근원까지 치유하는 여정이었습니다.

한국의 전통 공예 '보자기'가 바로 이런 버려진 것들을 예술로 승화시킨 좋은 사례라고 할 수 있습니다. 보자기 장인들은 버려진 천 조각들, 해진 옷의 남은 부분들을 모아 하나의 아름다운 보자기로 탄생시킵니다. 작은 조각일수록 더 정교하게 배치하고, 색이 바랜 부분일수록 더 독특한 위치에 두어 전체의 조화를 이루게 합니다. 소중한 것을 감싸 보호하는 보자기는, 그 자체가 버려진 것들의 새로운 생명이자 변신입니다.

우리 삶에서의 상처와 결핍, 버려짐의 경험들도 이 보자기 조각들과 같습니다. 하나하나는 불완전해 보이지만, 함께 엮일 때 우리의 경험을 더 풍요롭게 감싸 안는 아름다운 전체를 이룹니다. 그리고 매우 실용적인 쓰임을 자랑하는 도구로 거듭납니다. 크기와 모양에 따라 어디에든 필요한 대로 쓸 수 있는 것이 보자기이지요.

버려진 존재가 기능성과 예술성을 모두 갖춘 존재로 거듭난다는 것은 바리데기 이야기가 보여주는 깊은 상징성과 통합니다. 바리데기는 생명수로 부모를 소생시킵니다. 이 소생 장면은 단지 육체적 생명의 부활을 보여주는 것이 아닙니다. 이 장면으로 인해 바리와 부모는 관계의 근본적 변화를 경험합니다.

바리가 가져온 생명수는 그들의 의식과 관계의 질을 변화시켰습니다. 이전에 그녀를 버렸던 부모는 이제 그녀의 가치를 진정으로 인식하고 존중하게 되었습니다. 그와 같은 화해는 버림과 수용, 상처와 치유, 분리와 연결이라는 대립하는 경험들을 하나로 통합할 수 있었고, 더 높은 차원의 의식이 탄생할 수 있도록 도왔습니다. 바리데기는 이 모든 일을 겪어낸 후 부모와 화해하자무당의 시조신이 되었습니다. 가장 깊은 상처가 오히려 가장 강력한 치유의 원천이 될 수 있는 것입니다.

그 여정에서 눈여겨볼 지점이 '선택'이 이루어진 부분입니다. 바리데기는 자발적으로 저승으로 가는 길을 떠났고, 무조대왕과의 결혼을 선택했으며, 부모를 살리고자 하였습니다. 버려짐이 타인에 의해 강요된 경험이라면, 선택은 자기 내면에서 나오는 행위입니다. 이것이 바로 버려짐에서 창조적 의미를 발견하는 열쇠입니다. 우리가 버려짐을 피해자의 경험으로 남겨두지 않고 그것을 자신만의 독특한 여정의 시작점으로 선택할 때, 버려짐은 더 이상 파괴적 경험이 아니라 창조적 가능성이 됩니다.

신적 변환과 영혼의 결혼, 내면의 통합

두 이야기에서 가장 중요한 전환점은 여성 주인공들이 경험하는 신적 변환입니다. 아리아드네는 테세우스에게 버림받은 후 디오니소스의 신부가 되어 별자리로 승격되고, 바리데기는 무조대왕과의 결혼을 통해 생사를 주관하는 신적 존재가 됩니다. 이런 변환은 단순한 신분 상승이 아니라, 의식의 근본적 확장을 의미합니다.

버려짐과 신적 변환 사이에는 깊은 연관성이 있습니다. 두 여성 모두 버려짐이라는 상처가 없었다면 더 높은 차원의 존재로 변화할 수 없었을 것입니다. 아리아드네가 테세우스에게 버림받지 않았다면 디오니소스와 만날 수 없었고, 바리데기가 부모에게 버려지지 않았다면 저승 여행을 통해 무조대왕을 만날 수 없었을 것입니다. 상처와 단절은 종종 더 깊은 통합의 전제조건이 됩니다.

여기서 주목할 만한 것은 두 여성 모두 '결혼'을 통해 이 같은 변환을 경험한다는 점입니다. 이 결혼은 단순한 외적 의식이 아니라 내면의 통합을 상징합니다. 결혼은 서로 다른 두 원리가 하나로 합쳐지는 과정을 의미합니다. 의식과 무의식, 개인적 자아와 집단적 자아, 여성성과 남성성의 통합을 상징합니다. 현실에서의 제도적인 남녀의 결합이 아닌 정신적 통합으로 이해해야 합니다.

디오니소스는 그리스 신화에서 독특한 위치를 차지합니다. 그는 포도주와 황홀경의 신으로, 이성과 질서의 경계를 넘어서는 변환적 에너지를 상징합니다. 테세우스가 아테네의 합리성과 영웅적 자아를 대표한다면, 디오니소스는 그 너머의 무의식적, 변환적 에너지를 상징합니다. 아리아드네가 테세우스에서 디오니소스로 파트너를 바꾼 것은 그녀가 의식적 자아의 한계를 넘어, 더 깊은 무의식의 에너지와 연결되었음을 의미합니다.

바리데기와 무조대왕의 결혼도 유사한 상징성을 지닙니다. 무조대왕은 저승의 왕으로, 죽음과 미지의 영역을 다스립니다. 그와의 결혼은 바리데기가 생과 사, 의식과 무의식의 경계를 초월하는 존재가 되었음을 의미합니다. 그것은 자기실현의 과정으로, 개인의 의식이 더 큰 전체성과 통합되는 경험입니다.

바리데기는 무조대왕과 결혼하여 일곱 아들을 낳는데요, 7은 많은 문화권에서 완성과 전체성의 숫자입니다. 융 심리학에서는 7이 3(정신의 역동성)과 4(현실의 완전성)의 합으로, 심리적 전체성을 상징한다고 봅니다.[18] 일곱 아들의 탄생은 바리데기의 내면에서 다양한 심리적 에너지가 통합되고 분화되었음을 의미합니다. 여성의 내면에 있는 아니무스의 분화와도 연결되지요. 융은 여성의 심리 발달에서 아니무스가 점차 분화되고 통합되는 과정이 중요

4장 미로 속 아리아드네와 바리데기　159

하다고 보았습니다. 처음에는 단일하고 투사적인 형태로 나타나지만, 발달이 진행됨에 따라 더 다양하고 통합된 모습으로 변화합니다. 바리데기의 일곱 아들은 이렇게 분화된 아니무스의 다양한 측면을 상징할 수 있습니다.

아리아드네와 바리데기가 경험한 신적 변환은 두 가지 대립하는 요소의 통합을 의미합니다. 의식과 무의식, 남성성과 여성성, 빛과 어둠이 하나로 만나는 순간입니다. 동양의 음양 사상에서 말하는 '음양 합일'과도 유사한 개념으로, 대립하는 두 에너지가 조화롭게 융합될 때 더 높은 차원의 존재가 탄생합니다.

두 여성 모두 신과의 결합을 통해 근본적 통합을 경험했습니다. 통합과 신적 변환은 집단적 의미도 지닙니다. 아리아드네의 왕관이 별자리가 되어 항해자들의 길잡이가 되었고, 바리데기가 무속의 시조신이 되어 수많은 사람의 영적 여정을 인도하게 되었습니다. 진정한 자기실현은 개인적 성취를 넘어 공동체적 기여로 이어집니다. 신으로 전환되는 이야기는 인간 의식이 무한하게 확장될 수 있는 가능성을 보여줍니다. 우리는 제한된 자아의 경계를 넘어, 더 넓고 깊은 존재 방식으로 확장될 수 있습니다. 그러나 그런 변환은 흔히 고통과 상실의 경험을 통해 촉발됩니다. 아리아드네와 바리데기는 더 깊은 차원으로 통합하기 위한 문을 열었습니다. 우리 삶의 고통스러운 경험들은 더 큰 성장과 변환의 기회가 될 그들의 것과 다르지 않습니다.

미로를 헤매고 저승길을 걷는 여정은 모두 자기 자신에게로 돌아오는 원형적 여정입니다. 그러나 그 여정의 끝에서 우리가 만나는 자기 자신은, 여정을 시작할 때의 그 자신과는 근본적으로 다른 존재입니다. 버려짐이라는 상처를 통과하여 우리는 더 깊고 온전한 자기 자신과 만날 수 있습니다. 그리고 그 만남은 부모, 연인, 그리고 세상과 새로운 관계의 시작이 됩니다.

라빈의 이야기
세 번째,

미로를 빠져나온 소녀

세상을 향한 첫걸음,
관계의 미로 속 탐색

열아홉 살에 검정고시에 합격한 라빈은 또래 고3 수험생들과 함께 대학 진학을 위한 수능을 준비하기 시작했습니다. 오랜 공백기 끝에 다시 학업의 세계로 발을 딛는 순간이었습니다. 이 여정은 테세우스가 미로에 발을 들이는 것만큼이나 두렵고 낯선 경험이었습니다.

"내가 달라질 수 있을까요? 저는 저를 믿을 수 없어요. 너무 힘들어요."

수 없이 포기하고 싶은 마음이 들었고, 건강 문제로 고통받기도 했습니다. 그녀에게 수능 준비는 단순한 학업이 아닌, 한계와 내면을 마주하는 내적 여정이었습니다. 이 힘겨운 시간 속에서 그녀는 중요한 꿈을 꾸었습니다.

"꿈에서 무당벌레를 잡는 학교 숙제를 했어요. 무당벌레는 강아지에게 날아가 앉았어요."

이 꿈은 그녀의 내면에서 일어나고 있는 변화를 상징적으로 보여줍니다. 무당벌레[19]는 완전변태를 통해 애벌레에서 성충으로 변하는 과정을 거치는데, 그것은 내담자 자신이 겪고 있는 근본적인 변화를 암시합니다. 한국에서 무당벌레는 행운의 상징이며, 바리데기 이야기에서 무당의 시조신이 된 것처럼 변환의 가능성을 내포합니다.

그녀의 꿈에서 무당벌레가 강아지에게 날아가 앉는 장면은 그녀의 내면에서 일어나는 화해를 보여줍니다. 강아지는 본능적 생명력과 충실함을 상징합니다. 그 장면은 그녀가 오랫동안 억압해왔던 자신의 본능적이고 자연스러운 측면과 연결되기 시작된 것을 보여주죠. '학교 숙제'라는 형태로 나타난 것은 이러한 내적 통합이 그녀의 성장 과정에서 필수적인 과업임을 시사합니다.

점차 그녀의 외적 모습에도 변화가 찾아왔습니다. "저는 제가 예쁘다고 생각해본 적 없는데, 요즘은 조금 괜찮은 것 같아요. 언니한테 머리 묶는 법을 배웠어요. 언니 화장

품을 빌려서 해보기도 해요. 예전엔 화장하는 애들을 정말 싫어했는데….”

이런 변화는 라빈이 이제야 또래들처럼 외모 가꾸기에 관심을 두게 되었다는 것만을 의미하지는 않습니다. 자신의 여성적 측면을 긍정적으로 수용하게 된 것을 보여주는 변화였습니다. 이전까지 그녀는 여성과 관련된 모든 것을 거부하고 억압해왔지만, 이제 그것을 자신의 정체성의 한 부분으로 통합하기 시작한 것입니다.

이러한 변화 덕분이었을까요, 라빈의 가족 관계에도 변화가 찾아왔습니다. 언니와의 관계가 눈에 띄게 개선되었고, 엄마에 대한 과도한 의존에서 벗어나기 시작했습니다. 그런 모습은 바리데기가 부모에게서 독립하여 자신만의 여정을 시작한 것과 유사한 심리적 분화 과정이었습니다. 이런 변화를 겪으며, 열심히 수능을 준비하던 중 라빈은 또 다른 의미심장한 꿈을 꿉니다.

> “초원 위에서 다양한 말들이 뛰어놀고 있었어요. 다리를 절뚝거리는 말, 어린 망아지 등 온갖 종류의 말들이 보였죠.”

4장 미로 속 아리아드네와 바리데기　165

초원에서, 다양한 말들이, 뛰어노는 장면을 상상해 보세요. 말은 본능적 생명력과 자유를 나타내요. 다양한 종류의 말들은 그녀의 내면에 있는 다양한 측면들이 점차 조화를 이루기 시작한 것이죠. '다리를 절뚝거리는 말'은 상처받은 부분도 받아들이고 있음을 나타내지요. 그와 같은 조화의 힘과 동시에 그녀의 내면에서 일어나는 에너지 해방과 다양성의 통합도 관찰됩니다. '어린 망아지'는 새롭게 태어나는 가능성을 보여주는데, 이들 모두가 어우러져 초원에서 뛰놀았으니 얼마나 지유롭고 즐거울까요?

하지만 성장의 길은 결코 직선적이지 않았습니다. 라빈은 기대를 품고 수능시험을 준비했지만, 또 어느새 수능과 상담을 모두 포기하려는 충동의 시기를 겪었습니다. 오랫동안 익숙해진 방어 패턴으로 돌아가려는 유혹이 강하게 다가왔던 것입니다. 이런 위기 속에서 그녀는 충격적인 꿈을 꾸었습니다.

"우울할 때 화장실에서 씻는데 문을 잠그지 않아 아빠가 실수로 들어와 내 몸을 보고 비웃었어요. 자살 충동이 밀려와 방에 있던 가위를 들고 옥상으로 갔죠. 엄마는 쫓아와 자신도 오랫동안 죽고 싶었는데 이제는 진짜 죽을 거라고 했어요. 그때 누군가 일 층에 매트를 깔아두고 뛰어내리라 했어요."

뭔가 중요한 일이 벌어질 것만 같지 않은가요? 이 꿈은 그녀의 내면에서 일어나는 중대한 전환점을 보여줍니다. 화장실은 가장 개인적인 공간으로 자기 정화와 변환이 일어나는 장소인데, 문이 잠기지 않은 것은 그녀의 심리적 경계가 아직 불안정함을 의미합니다. 그런데 하필 아버지가 들어와 그녀를 보고 비웃지요. 라빈에게 내재화된 비판의 목소리가 여전히 그녀의 변화와 성장을 방해하고 있는 것입니다.

그런데 그녀는 가위를 들고 옥상으로 올라갔어요. 가위는 이 꿈에서 특별히 눈여겨볼 상징입니다. 가위는 자르고 분리하는 도구이지요. 가위를 든 채 옥상에 올라가서는 엄마와 대화합니다. 별로 기분 좋은 대화는 아니네요. 엄마도 진짜 죽을 거라고 하잖아요. 하지만 그래서 중요합니다. 아직 이 모녀는 심리적 상태에서 건강한 분화를 이루지 못했어요. 즉 딸의 감정과 엄마의 감정이 구분되지 않는 상태입니다. 그러나 가위질을 통해 이제 비로소 엄마와의 융합된 관계에서 벗어나 독립적 자아를 형성하려고 합니다.

그러려면 뛰어내려야 해요. 누군가 매트를 깔아두고 뛰어내리라고 그녀에게 말합니다. 중요한 무의식의 조언이 등장한 것입니다. 무의식은 뛰어내리라고 합니다. 절망의 순간에도 해결의 방안은 존재합니다. 정신의 죽음은 창조적 변화의 에너지로 전환될 수 있음을 또한 보여줍니다. 아리아드네의 실타래가 미로 속 테세우스를 인도한 것처럼, 라빈의 무의식은 그녀에게 변화의 길을 제시하고 있었습니다.

다시 찾아온 봄, 치유와 성장의 계절

대학 입시를 앞두고 라빈은 결정적인 꿈을 꿉니다.

"꿈에 사자가 나왔어요. 사자는 인간으로 변할 수 있었어요. 제가 허리춤에 씨앗 세 개를 차고 사자가 사는 동굴로 갔어요. 그리고 사자에게 인간이 사는 마을로 내려와 살자고 했어요."

심리적 성장 과정에서 중요한 전환점을 나타내는 강력한 상징들이 등장합니다. 사자는 용기와 왕의 품격, 강인한 생명력을 상징하는 동물로, 라빈 내면의 강력한 에너지와 존엄성을 표현합니다. 사자가 인간으로 변할 수 있다는 것은 원시적 에너지가 의식화 즉 우리의 인지구조 안에서 활용될 수 있다는 의미입니다.

허리춤의 씨앗 세 개는 강력한 변화와 성장의 잠재력을 상징합니다. 숫자 3은 새로운 합성과 창조를 나타내며, 허리춤은 생명력과 직접 연결된 부위입니다. 이런 상징들은 라빈이 이제 자기 삶에 새로운 가능성을 심을 준비가 되었다는 것을 보여줍니다.

이제 라빈이 사자에게 직접 말합니다. 인간이 사는 마을에 내려와야 한다고 무의식의 강력한 에너지를 일상의 의식 세계로 통합하려는 시도로 이해할 수 있죠. 동굴에서 마을로의 이동은 고립에서 관계로, 무의식에서 의식으로의 전환을 의미합니다. 전환은 바리데기가 저승에서 생명수를 가져와 현실 세계에서 부모를 소생시킨 것과 유사한 패턴입니다. 깊은 내면의 지혜를 일상으로 가져와 변화를 일으키는 과정입니다.

비록 원하던 대학은 아니었지만 2년제 대학에 입학한 라빈은 실제 세계에서 새로운 도전에 직면했습니다. 특히 대인관계는 그녀에게 가장 어려운 과제였습니다.

"미로에 빠진 것 같아요. 머리로 푸는 미로라면 쉽게 할 수 있는데 이건 답을 전혀 모르겠어요. 친구들의 말에 어떻게 반응해야 할지 모르겠어요. 점심때 누구랑 같이 밥을 먹어야 할지, 조별 과제에서 어떤 태도를 보여야 할지 모르겠어요."

그녀가 경험하는 '관계의 미로'는 논리적 사고만으로는 해결할 수 없는 감정적, 직관적 영역의 문제였습니다. 그러니 이제 라빈에겐 직관과 정서적 지능이라는 아리아드네의 실타래가 필요해진 것입니다. 이 시기에 그녀는 또 다른 중요한 꿈을 꾸었습니다.

"외할머니가 치매에 걸리는 꿈을 꾸었어요. 할머니를 피해서 엄마에게 달려갔어요. 그런데 엄마까지 치매에 걸렸어요. 엄마를 피해 베란다까지 가서 숨었는데 무서웠어요."

관계의 미로에서 길을 찾던 라빈에게 이 꿈은 그녀의 가족 관계, 특히 모성 계보에 관한 깊은 통찰을 제공합니다. 치매는 정체성의 상실과 혼란을 상징하는데, 외할머니에서 엄마로 이어지는 치매는 세대를 넘어 전해지는 정체성과 기억의 혼란을 의미합니다. 그녀가 자신의 정체성 형성에 있어서 모계 영향에서 벗어나야 할 필요성을 암시한다고 볼 수 있죠. 이 부분에 대한 자세한 해석은 다음 '관계' 편에서 자세히 다룰 예정입니다.

꿈속에서 라빈은 엄마를 피해 베란다로 숨었어요. 가족 체계에서 벗어나려는 시도이면서도, 완전히 집을 떠나지는 못하는 중간적 상태라고 할 수 있습니다. 베란다는 집 안과 바깥의 경계에 있는 공간으로, 그녀가 독립과 의존 사이에서 균형을 찾고 있음을 의미합니다.

복잡한 관계의 미로에서 그녀가 길을 찾아가게 된 것은, 참고 견디기보다 건강한 경계를 설정하는 법을 배웠기 때문입니다. 그녀는 상담을 통해 자신의 감정과 욕구를 인식하고 표현하는 방법, 타인과의 관계에서 자신을 잃지 않는 방법을 배웠습니다.

그녀의 성장에서 가장 중요한 전환점은 자기 자신을 믿

고 사랑하는 법을 배운 것이었습니다. 이전까지 그녀는 자신을 끊임없이 비난하고 의심했지만, 상담 과정에서 점차 자신의 가치를 인정하고 자기 내면 목소리에 귀 기울이는 법을 배웠습니다. 상담을 통해 그녀는 자기 내면 깊숙이 들어가 그곳에 있는 상처와 두려움을 마주하는 용기를 얻었습니다. 그 과정에서 자신의 한계와 불완전함까지도 자연스러운 자기 일부로 받아들이는 법을 배웠습니다.

그리고 마침내 그녀의 인생에는 다시 봄이 찾아왔습니다. 내적으로든 외적으로든 그녀의 삶에 사랑이 자리 잡기 시작했고, 새로운 가능성이 열렸습니다. 이것이 진정한 자기실현의 모습입니다 – 완벽해서가 아니라, 불완전함마저도 포용할 수 있는 충만한 삶의 시작입니다.

라빈은 테세우스가 미로에서 미노타우로스와 대면했듯이 자기 내면의 그림자와 마주했고, 바리데기가 버려짐의 상처를 통해 치유의 능력을 발견했듯이 자신의 상처와 한계를 받아들였습니다. 마침내 더 깊은 자기 이해와 공감 능력을 발견했습니다. 테세우스가 아리아드네의 실타래를 따라 미로를 빠져나왔듯이 자기 신뢰라는 실타래를 따라 혼란의 미로에서 벗어날 수 있었습니다.

라빈에게는 민담과 신화의 주인공들이 겪었던 모험의 길을 모두 경험했습니다. 그리고 자신의 긴긴 겨울을 벗어나 봄의 입구 앞에 서 있습니다. 그녀가 걸었던 걸음마다 꽃이 피기 시작했습니다.

세상의 모든 미로에는 출구가 있습니다. 때로는 내면의 지혜가 필요하고, 때로는 타인의 손길이 필요합니다. 하지만 가장 중요한 것은 그 여정 자체가 우리를 변화시키고, 우리에게 진정한 자신을 발견하게 한다는 것입니다. 그녀의 여정은 계속됩니다. 모든 변화와 성장의 이야기처럼, 끝이 아닌 새로운 시작을 향해 나아가고 있습니다.

5장
꿈으로 미술 읽기
― 꿈, 내면의 지향사를 비추는 길 ―

꿈의 치유력,
무의식과의 대화

우리는 흔하게 꿈을 단순한 망상이나 잡념으로 치부합니다. 하지만 정신분석가 프로이트는 꿈을 "무의식으로 통하는 왕도"라고 표현했습니다. 꿈은 우리의 무의식이 보내는 중요한 메시지입니다. 그것은 우리가 의식하지 못하는 내면의 욕구와 갈등을 상징적인 언어로 표현한 것이죠. 따라서 꿈을 기록하고 분석하는 행위는 자기 이해의 과정이자, 무의식과 소통하는 과정이기도 합니다.

융은 꿈이 우리의 마음에 균형을 가져다준다고 보았습니다. 그는 이를 꿈의 '보상 기능'이라고 설명했는데, 낮 동안 의식이 억압했던 감정과 기억들이 꿈을 통해 표출되면

5장 꿈으로 마음 읽기　177

서 우리의 심리적 항상성을 유지한다는 것이죠. 만약 우리가 꿈을 꾸지 않는다면 억압된 무의식의 에너지는 다른 방식으로 분출될 수밖에 없습니다. 신경증, 강박증, 심지어 신체화 증상으로 나타나기도 하죠. 따라서 꿈을 기록하는 행위 자체가 깊은 치유의 힘을 지닙니다. 꿈 일기를 쓰는 과정에서 우리는 무의식의 메시지에 귀 기울이게 됩니다. 그것은 내면의 목소리에 진지하게 답하는 작업이죠. 꿈에 대한 자신만의 연상과 감정을 적어 내려가다 보면, 어느새 자신에 대한 깊이 있는 통찰을 얻게 됩니다.

어린아이들이 민담을 읽으면서 받는 치유의 경험과도 유사한 맥락입니다. 융은 민담의 모티프가 집단무의식의 원형적 이미지를 담고 있다고 보았습니다. 민담은 인간 경험의 보편적 구조와 패턴을 담고 있어 우리 내면 깊숙이 자리한 집단무의식과 공명합니다. 민담 속 주인공들은 시련을 겪습니다. 어둡고 위험한 숲을 헤매기도 하고, 악한 존재와 맞서 싸우기도 하죠. 하지만 그 과정에서 그들은 성장합니다. 숨겨진 지혜와 용기를 발견하고, 진정한 자기 모습을 깨닫게 되죠.

아이들은 이 이야기를 들으며 자신의 무의식을 만나게

됩니다. 동화는 아이들 내면에 존재하는 선과 악, 빛과 어둠을 투영해주는 거울인 셈이죠. 아이들은 쉽게 동화 속 장면을 꿈에서 만나기도 합니다. 흰 토끼를 쫓아 이상한 나라에 빠지기도 하고, 빨간 두건을 쓴 채 늑대와 마주치기도 하죠. 꿈은 동화가 전해준 상징과 모티프를 통해 아이의 내면을 치유합니다. 꿈속에서 아이는 두려움에 맞서고, 상처를 돌보며, 성장을 연습합니다.

융은 꿈에 나타나는 다양한 상징들이 보편적인 의미를 지닌다고 보았습니다. 예를 들어 물은 무의식을, 때로는 모성을 상징하죠. 꿈의 상징들은 획일적일 수 없습니다. 중요한 것은 꿈꾼 사람 자신의 연상과 감정입니다. 같은 상징이라도 개인에 따라 다른 의미를 지닐 수 있기 때문이에요. 따라서 꿈을 이해하는 과정은 매우 개별적이고 주관적인 작업이 될 수밖에 없습니다.

물론 꿈을 이해하기는 쉽지 않습니다. 꿈의 언어는 상징과 비유로 되어있어서 때론 알아듣기 힘들어요. 하지만 꿈을 기록하고 그것에 대해 생각하는 시간 자체가 소중한 과정입니다. 꿈을 떠올리는 동안 우리는 온전히 자신에게 귀를 기울이게 됩니다. 무의식은 비록 낯설고 험난한 길로 우리를 이끌지만, 그 길의 끝에는 치유와 성장이 기다리고 있습니다.

꿈을 살펴보는 일, 그것은 곧 우리의 삶을 성찰하고 내면의 목소리에 귀 기울이는 과정입니다. 때론 꿈은 우리에게 불편한 진실을 말해주기도 합니다. 하지만 그 진실을 직면하는 순간, 우리는 한 뼘 더 성장할 수 있습니다. 융이 말했듯 꿈은 우리에게 무의식이라는 신비로운 세계로 초대장을 보내는 것인지도 모릅니다. 그 초대에 응하는 순간, 우리는 자신의 더 깊은 모습을 만날 수 있게 될 것입니다.

현대인의 길 잃기, 꿈이 전하는 메시지

우리가 꾸는 꿈에서 '길'은 매우 중요한 의미를 지닙니다. 특히 길을 잃거나 헤매는 꿈은 현대인들이 가장 자주 꾸는 꿈 중 하나입니다. 익숙한 거리가 갑자기 미로처럼 변하는 꿈, 집으로 가는 길을 찾을 수 없는 꿈, 지하철역에서 출구를 찾지 못하는 꿈, 도착해야 할 곳을 향해 달리지만 제자리걸음인 꿈…. 이런 꿈들은 불안의 표현을 넘어 우리 시대의 집단적 무의식을 반영합니다. 즉 꿈은 개인적 경험이기도 하지만, 우리 시대의 보편적인 심리 상태와도 연관되는 것입니다.

겉으로는 모든 것이 정돈되어 있고 체계적으로 보이는 현대 사회에서, 우리는 종종 깊은 혼란과 고립을 경험합니다. 마치 투명한 미로 속을 걷는 것처럼, 앞은 보이지만 길은 보이지 않는 역설적인 상황 속에서 살아가고 있는 것입니다. 학교나 직장에서 길을 잃는 꿈은 현대인들이 겪는 소속감의 상실과 정체성의 혼란을 보여줍니다. 끝없이 이어지는 계단을 오르는 꿈은 끊임없는 성과와 성공을 요구하는 사회에서 느끼는 압박감과 피로를 반영합니다. 우리 시대의 구조적 특성이 개인의 무의식에 미치는 영향을 잘 보여주는 예입니다.

상담 현장에서 만난 여러 내담자의 사례는 이런 꿈들의 다층적 의미를 잘 보여줍니다. 첫 번째 사례는 대학교 복도를 끝없이 헤매는 꿈을 꾼 내담자입니다. 그는 몇 년째 같은 꿈을 반복해서 꾸었습니다. 꿈속에서 그는 졸업했던 대학교에 다시 돌아가 있었고, 강의실을 찾지 못해 끝없이 복도를 배회했습니다. 그에게 대학 시절은 무척 힘든 시기였습니다. 전공에 대한 회의감, 엄격한 부모님의 기대, 취업

5장 꿈으로 마음 읽기 **181**

의 부담감까지. 그는 그 시절의 상처에서 온전히 벗어나지 못한 채 어른이 되어 있었던 것입니다.

두 번째 사례는 매우 이성적이고 성과 지향적인 삶을 살아온 한 남성의 경우입니다. 그는 상담 과정에서 특별한 꿈을 꾸기 시작했습니다. 꿈에서 그는 음악 시험을 통과해야만 했지만, 그 시험은 그가 평생 준비해온 것과는 전혀 다른 성격의 것이었습니다. 이 꿈은 그가 추구해온 삶의 방식과 그 과정에서 잃어버린 것들 사이의 깊은 단절을 보여주고 있었습니다.

세 번째로 주목할 만한 것은 귀가와 관련된 꿈입니다. 한 내담자는 새로운 도전을 시작하고 자신만의 길을 찾아가는 과정에서, 어린 시절 살던 집으로 돌아가는 꿈을 반복적으로 꾸었습니다. 안전한 과거로의 회귀 욕구와 동시에, 새로운 시작에 대한 두려움을 반영하는 것이죠.

이런 '길 잃기'의 꿈들은 주로 인생의 중요한 전환점에서 자주 나타납니다. 진학, 취업, 이직, 결혼과 같은 큰 결정의 순간에서 우리는 종종 방향을 잃은 느낌을 받습니다. 미로에서 느끼는 답답함, 시간이 갈수록 커지는 초조함, 익숙한 공간이 낯설어질 때의 불안감 등의 감정은 우리의 현재 심리 상태를 정확하게 반영하며, 때로는 우리가 의식적으로 외면하고 있는 감정들을 드러내기도 합니다.

융은 꿈을 "무의식과 만나는 창구"라고 표현했습니다. 우리가 의식적으로 외면하는 내면의 그림자는 종종 꿈을 통해 모습을 드러냅니다. 길을 잃는 꿈은 우리가 아직 마주하지 못한 내면의 문제를 드러내 주며, 동시에 변화의 필요성을 알리는 신호이기도 합니다. 이러한 '길 잃기'의 경험은 개성화 과정의 일부로 볼 수 있습니다. 즉, 자아가 자신의 진정한 모습을 찾아가는 여정에서 필연적으로 겪게 되는 혼란과 방황의 시기로 해석하는 것입니다. 이는 단순한 실패나 후퇴가 아닌, 더 큰 성장을 위한 필수적인 과정으로 이해됩니다.

꿈속의 미로는 출구 없는 공간이 아닙니다. 아무리 막막해 보여도, 그 미로는 언제나 출구를 품고 있습니다. 길을 잃는 경험 자체는 새로운 길을 찾기 위한 필수적인 과정일 수 있습니다. 방황의 순간에도 우리의 내면은 앞으로 나아갈 방향을 묵묵히 제시하고 있으며, 꿈에 등장하는 상징과 이미지들은 무의식이 전하는 이정표가 됩니다.

실제로 많은 내담자의 꿈은 치료 과정에서 변화를 보입

니다. 처음에는 완전히 길을 잃고 출구를 찾지 못하던 꿈들이, 차츰 새로운 공간을 발견하거나 예상치 못한 도움을 받는 내용으로 바뀝니다. 때로는 처음에 미로처럼 보였던 공간이 실은 정원이었다는 것을 발견하기도 하고, 길을 잃은 상태에서 오히려 더 아름다운 풍경을 마주하게 되기도 합니다.

길을 잃는 꿈은 결국 성장통의 일부입니다. 그것은 낯설고 불편한 감정을 동반하지만, 동시에 우리를 한 단계 성장시키는 자양분이 됩니다. 끊임없이 길을 묻고 찾아가는 과정에서 우리는 조금씩 성숙해집니다. 길을 잃는 것을 두려워할 필요는 없습니다. 어쩌면 그 순간이 우리에게 정말 필요한 것이 무엇인지 깨닫게 하는 소중한 기회일지도 모릅니다.

이러한 관점에서 볼 때, 길을 잃는 꿈은 우리 시대가 직면한 근본적인 도전을 반영하는 동시에, 그 도전을 극복할 수 있는 지혜 역시 우리 안에 존재함을 알려주는 메시지라고 할 수 있습니다. 빠른 변화와 끊임없는 성과를 요구하는 현대 사회에서, 잠시 길을 잃고 방황하는 것은 오히려 자연스럽고 필요한 과정일 수 있습니다. 우리에게 필요한 것은 이 과정을 있는 그대로 받아들이고, 그 속에서 자신만의 의미와 방향을 찾아가는 용기입니다. 꿈은 그 여정에서 우리의 가장 친밀한 안내자가 될 수 있습니다.

꿈 일기 쓰기,
자기 이해의 여정

꿈을 기록하는 일은 꿈의 내용을 적고 기억한다는 것 이상의 의미를 지닙니다. 그것은 자신의 무의식과 대화를 나누는 과정이며, 내면의 이야기에 귀 기울이는 시간입니다. 꿈일기를 통해 우리는 자신의 감정, 욕구, 갈등을 더 깊이 이해할 수 있게 됩니다.

꿈일기를 작성할 때는 몇 가지 중요한 원칙이 있습니다. 첫째, 가능한 한 빨리 꿈을 기록하는 것이 좋습니다. 꿈은 잠에서 깬 후 빠르게 잊히기 때문입니다. 아침에 일어나자마자 바로 꿈을 떠올리고, 모든 항목을 자세히 적어내려 가보세요. 사소한 것 같은 부분도 중요할 수 있습니다. 꿈의 분위기, 등장인물, 색감, 감정 등을 생생하게 기록하다 보면 꿈의 중심 주제가 서서히 떠오를 것입니다. 또한 꿈을 기록할 때는 꼭 날짜를 함께 적어두는 것이 좋습니다.

5장 꿈으로 마음 읽기 185

언제 그 꿈을 꾸었는지를 아는 것은 꿈을 이해하는 데 있어 매우 중요한 정보가 됩니다.

꿈은 우리의 무의식이 보내는 메시지인데, 그 메시지는 종종 최근의 경험이나 감정과 연결되어 있기 때문입니다. 따라서 꿈을 꾸기 전날이나 그즈음에 있었던 중요한 사건이나 감정들을 함께 기록해보는 것도 좋습니다. 어떤 일이 있었는지, 그 일이 자신에게 어떤 영향을 주었는지 돌아보는 것이죠. 꿈과 현실 사이의 연결고리를 찾다 보면 꿈이 전하고자 하는 메시지가 더욱 선명하게 다가올 것입니다.

둘째, 꿈에 대한 자신의 연상과 느낌을 적어보세요. 꿈에서 본 이미지나 상징들이 자신에게 어떤 의미로 다가오는지 생각해보는 것입니다. 예를 들어 꿈에 어떤 집을 보았다면, 그 집이 자신에게 어떤 기억이나 감정을 불러일으키는지 적어볼 수 있겠죠. 자유롭게 떠오르는 생각을 모두 써보세요. 비록 근거 없는 상상처럼 보일지라도 그것이 바로 무의식의 언어일 수 있습니다.

셋째, 꿈에서 강렬한 인상을 받았다면 그림으로 그려보는 것도 좋습니다. 꿈의 장면을 스케치하거나 중요한 이미지를 그림으로 표현해보세요. 그림은 말로 표현하기 어려운 감정과 분위기를 담아낼 수 있습니다. 또한 그림을 그리는 과정 자체가 매우 치유적인 경험이 될 수 있습니다. 잠재의식 속의 욕구와 감정이 그림을 통해 표출되면서 정서적 안정을 얻게 되는 것이죠. 융은 그의 환자들에게 꿈의 이미지를 그려보도록 했는데, 이를 통해 환자들은 자기 내면을 더 깊이 탐색할 수 있었다고 합니다. 그림으로 그려낸 꿈은 마치 꿈의 정수를 추출한 것과 같습니다. 우리는 그림을 통해 꿈의 핵심 메시지를 직관적으로 이해할 수 있게 됩니다.

넷째, 꿈에서 반복적으로 나타나는 주제나 패턴을 찾아보세요. 우리의 무의식은 종종 같은 메시지를 반복해서 보냅니다. 유사한 상징이나 이야기가 꿈에서 되풀이된다면, 그것은 당신이 주목해야 할 중요한 메시지일 수 있습니다. 꿈일기를 꾸준히 작성하다 보면 자신만의 꿈의 언어를 발견하게 될 것입니다.

꿈일기를 쓰는 과정은 마치 퍼즐을 맞추는 것과 같습니다. 처음에는 뿔뿔이 흩어진 조각들로 보이지만, 꾸준히 관찰하고 기록하다 보면 어느새 하나의 커다란 그림이 완성됩니다. 그 그림은 바로 당신의 내면세계를 반영하는 거

5장 꿈으로 마음 읽기 **187**

울입니다. 꿈일기를 통해 우리는 그동안 미처 알아채지 못했던 자기 모습과 만나게 됩니다.

물론 처음부터 모든 꿈의 의미를 완벽하게 이해할 수는 없습니다. 꿈을 해석하는 것은 하루아침에 되는 일이 아닙니다. 하지만 꿈에 대한 호기심과 열린 마음을 가지고 꾸준히 꿈일기를 쓰다 보면, 서서히 자신만의 꿈의 언어를 익혀가게 될 것입니다. 그 과정은 곧 자기 이해의 깊이를 더해가는 여정이 될 것입니다.

꿈일기를 쓰는 시간은 온전히 나 자신만을 위한 고귀한 시간입니다. 그 시간을 통해 우리는 우리 자신과 더 친밀해질 수 있습니다. 지금 바로 꿈일기를 시작해보는 건 어떨까요? 종이와 펜을 준비하고, 잠에서 깨어날 때의 그 감각을 떠올려보세요. 기억을 더듬어 꿈속의 세계로 천천히 걸어 들어가 봅니다. 그곳에서 만난 풍경과 사람들, 그리고 당신의 모습을 자세히 관찰해보세요. 그것이 바로 당신의 내면이 들려주고 싶어 하는 이야기의 시작일 테니까요.

나가며,
별을 담은 손

지금까지 우리는 세 쌍의 이야기를 통해 '방황'의 다양한 차원을 살펴보았습니다. 고슴도치 한스와 반쪽이의 이야기가 결핍과 불완전함의 의미를, 오딘과 환웅의 이야기가 관점의 전환과 희생의 가치를, 아리아드네와 바리데기의 이야기가 버려짐과 치유의 과정을 보여주었다면, 이제 우리는 현실에서 이러한 여정이 어떻게 펼쳐지는지 되돌아보려 합니다.

상담실에서 만난 한 젊은 여성의 이야기는 이 모든 요소를 포함하고 있습니다. 그녀는 반쪽이처럼 자신의 결핍과 불완전함을 직면해야 했고, 환웅과 오딘처럼 세상을 바라보는 관점을 전환해야 했으며, 바리데기처럼 버려짐의 경험을 치유의 원천으로 삼아야 했습니다. 그녀의 이야기는 동서양의 신화와 민담이 들려주는 고대의 지혜가 현대를 살아가는 우리에게도 여전히 유효함을 보여줍니다.

상담하면서 내담자와 만나는 것은 여러 장르의 영화를 보는 것처럼 스펙터클합니다. 영화 안에서 만나는 수많은 주인공이 그들의 이야기를 들어보라고 하듯, 내담자의 내

5장 꿈으로 마음 읽기 **189**

면은 끊이지 않는 이야기와 사연이 가득합니다. 내담자들이 그들의 입을 열기 전, 꽁꽁 싸매두었던 마음을 열게 되는 순간이 올 때까지 기다려야 하는데, 저는 그 시간이 고슴도치 한스의 8년과 같은 기분이 듭니다. 내담자들의 이야기는 마음의 빗장을 하나씩 열 때마다 다른 차원의 세상을 보여줍니다. 그리고 제가 초대된 그 세상의 본질은 '사랑'이라는 느낌을 받습니다. 상처받고 화나고 슬프고 증오하고 억울하고 부끄럽고 고통스럽고 때로는 이해할 수 없는 그들의 사연의 껍질들을 모두 벗겨내면 본질의 알맹이가 남습니다. 보석보다 빛나고 사랑스런 본질의 알맹이.

이 책을 위해 사례를 제공해 준 내담자 라빈 역시 그랬습니다. 그녀는 위축되고 힘없고 초라한 모습으로 거울조차 볼 수 없었습니다. 마치 반쪽이처럼, 자신을 불완전하고 결핍된 존재로 여겼습니다. 삶이나 인생 따위는 사치스러운 단어였습니다. 그녀가 할 수 있는 것이라고는 그냥 하루하루를 어떻게든 때워 버리면 되는 것이었죠.

"삶의 의미는 개뿔".

우리가 상담 시간에 자주 나눴던 말이죠. 학교는 개뿔. 인생도 개뿔. 그녀가 처음으로 속 시원하게 내뱉은 진정한 속마음의 표출이었습니다.

그렇죠. 내 하루하루의 삶이 이토록 힘들고 고통으로 가득한데 의미를 찾고, 열심히 살고, 올바르게 사는 게 무슨 소용 있을까요? 저는 그녀의 그 발언에 크게 웃었습니다. 조용하고 나지막한 소리로 말수가 없던 그녀의 말이 왜 그리 시원하게 들렸는지 모르겠습니다. 상담사인 저에게도 인생은 개뿔입니다.

저의 청춘은 봄이었던 적이 없었습니다. 온통 겨울의 냉랭한 칼바람만 가득한 청춘의 시절이 저는 그다지 그립지 않습니다. 한스의 난로도 제게는 없었던 것 같아요. 자기 긍정도 자기 신뢰도 없었던 젊은 시절은 정말 폭풍우 속 방황 그 자체였습니다. 그럼 이렇게 나이 든 저는 방황을 멈췄을까요?

아니요. 여전히 저는 방황 중입니다. 저는 여전히 길을 찾아야 하고 자주 길을 잃고 헤매고 있습니다. 인생 전체가 방황이었고, 일 년의 대다수가 길을 잃은 시간이고, 하루 중 잠을 자는 시간마저도 길을 떠나고 뭔가를 찾아가는 중입니다.

오랜 시간 상담을 하면서 저는 이런 방황을 이해하게 되었습니다. 내담자들이 그들의 방황 속에서 반짝반짝 빛나는 보물을 품고 있는 것을 발견할 때, 저는 길을 잃었던 그들의 여정이 보물을 찾기 위한 과정이었다는 것을 깨닫습니다. 그리고 그 빛나는 보물은 아름다운 빛과 따뜻한 열기로 가득합니다. 마치 바리데기가 지하세계로의 여정을 통해 생명수를 찾아온 것처럼, 우리의 방황은 종종 우리가 알지 못했던 내면의 보물을 발견하는 과정입니다.

이 책의 주인공 라빈의 마음엔 정말 냉기가 가득했습니다. 사람에 대한 기대도, 부모에 대한 믿음도, 삶에 대한 열의도, 자신에 대한 신뢰도 전혀 보이지 않았습니다. 제가 그녀의 삶에 도움이 될 수 있을까? 항상 저 자신에게 반문했죠. 그러나 저는 이따금 언뜻 보이는 그녀의 실낱같은 빛줄기를 알아차렸습니다. 그 빛줄기는 아리아드네의 실타래처럼 그녀가 걷고 있는 미로를 탈출할 수 있도록 도울 것이라 믿었습니다.

그녀는 희미하고 힘없는 표정으로 말없이 앉아 있다가 직관적인 통찰을 했습니다. 냉소적인 위트의 한마디를 던

질 때마다 그녀의 눈빛은 살아나기 시작했습니다. 착한 딸로 살아왔던 그녀 안에 숨겨졌던 공격성을 느낄 때마다 저는 다행이라고 여겼습니다.

그녀는 자신의 감추어졌던 공격성을 수능 준비에 쏟아 놓았습니다. 우리 안에 숨겨진 보물이 어떤 형태로 자리하고 있는지 우리는 무의식의 소리를 듣기 전까지 결코 알 수 없습니다. 내면의 소리를 들으며 우리는 밤하늘의 별을 보며 내비게이션을 되찾고, 멈춰 있던 돛단배에 바람이 불게 되는 경험을 합니다. 환웅이 하늘에서 내려와 땅의 지혜를 배운 것처럼, 때로는 우리도 익숙한 관점을 버리고 새로운 시각을 받아들일 때 진정한 통찰을 얻게 됩니다.

그것은 인간의 의지나 의식으로 가능한 것이 아닙니다. 어디선가 불어오는 바람이 내가 가야 할 곳의 방향을 만들어 줍니다. 그리고 하늘의 별이 내가 서 있는 곳의 좌표를 알려줍니다. 이것은 무의식이 우리에게 주는 선물입니다. 상담하는 저는 내담자의 내면을 신뢰합니다. 그러면 내담자의 내면에서 불어오는 바람을 타고 하늘의 별을 보고 그만의 길을 찾고 방향을 설정하고 저절로 가듯 가야 할 곳으로 가게 됩니다.

저는 그녀가 방황하는 그 시간을 함께했습니다. 그러나 인생의 길을 잃고 헤매던 그녀의 무의식의 소리에 귀 기울였습니다. 그리고 방황의 참뜻을 마침내 깨닫게 되었죠. 그러자 그녀 안에 얼어붙은 얼음이 녹으며 점차 자신에 대한 신뢰를 회복했습니다. 저는 언제나 신뢰를 '회복'한다고 이야기하는데, 실제로 모든 사람의 내면에는 자기 신뢰와 사랑이 사라지는 법이 없는 것 같습니다. 잠시 잊고 살 뿐인 것 같습니다. 반쪽이는 자신의 불완전함 속에서 온전한 가능성을 발견했죠. 그녀도 자신의 결핍 속에서 새로운 가능성을 발견했습니다.

그녀는 두렵지만, 모험을 선택했고, 그 모험은 굽이굽이 힘들고 험하고 복병이 숨어 있는 전쟁터같이 치열한 길이었습니다. 그러나 그녀는 그 모험을 멈추지 않았습니다. 지금 상담을 그만둔 지 오래된 지금도 그녀는 홀로 자기 삶을 당당히 살아가며 내면의 모험을 멈추지 않고 있습니다.

이제 그녀는 자신 안의 난로를 확실히 느끼고 있고, 인생은 그 자체로 미로라는 것을 배웠거든요. 그리고 모든 방황과 멈춤이 있는 그대로 하나의 과정이라는 것을 이해했으니까요. 바리데기가 버려진 아픔을 통해 오히려 치유자가 되었듯이, 그녀도 자신의 상처를 통해 더 깊은 자기 이해와 성장을 이루었습니다.

이런 모든 것의 이면에는 '사랑'이라는 큰 힘이 작용합니다. 그것은 누구에게 받아서 생겨난 것이 아니라 언제나 공존하고 있는 신체의 일부 같은 것이죠. 어떤 상황을 겪는 내담자라도 그들 모두에게는 존재합니다. 그래서 저는 저 자신에 대한 실망과 좌절이 올 때면 반문합니다. 내담자들에게도 존재하는데 내게도 사랑이라는 따뜻하고 온기 넘치는 감정이 존재하지 않을까? 하고요. 그리고 쌀알 같이 자디 잔 저의 사랑을 찾아보려 애쓴답니다.

저 자신에 대한 믿음으로 다시 내면과 대화합니다. 좌절감으로 땅속까지 파고들어 갈 때, 박탈감이 머리를 망치로 두드릴 때, 눈물이 펑펑 쏟아지는 그 순간 의지할 사람 하나 없을 때, 저는 저 자신에게 쌀알 같은 난로 하나는 있다는 것을 떠올립니다. 그러면 그 혹독한 감정들이 가라앉고 홀로 남겨진 시간에 작은 촛불 하나의 온기에 큰 위로를 받습니다.

라빈이 걸었던 길들에서 그녀가 남몰래 흘렸던 눈물이 얼마나 될까 생각하면 마음이 저려옵니다. 그러나 그녀가 엉성한 걸음으로 자신의 길을 걸어가는 모습을 보면 뱃속 깊은 곳에서 감동이 밀려오고 진심으로 응원하게 됩니다. 그녀의 변화는 가족들에게도 긍정적인 영향을 주었고, 저에게도 믿음을 주었습니다. 저의 이 방황의 길도 그녀처럼 전진할 수 있다는 것을요.

이 책은 누군가를 가르치거나 교육하기 위해 쓰인 것이 아닙니다. 한 소녀가 청년으로 성장하는 과정의 길을 보여주며, 지금도 길을 잃은 누군가에게 작은 희망의 메시지를 전하고자 합니다. 동서양의 신화, 민담은 깊은 통찰과 빛을 보여줍니다. 우리는 모두 각자의 방식으로 방황하고 있습니다. 그리고 그 방황 속에서 자신만의 실타래를 찾아가고 있습니다. 이 책이 여러분의 여정에 작은 빛이 되기를 바랍니다.

현재,
여전히 모험 중

"너는 무슨 그런 꿈을 다 꾸니."

마법사가 되는 꿈, 좀비에게 쫓기는 꿈, 지구를 침략하러 온 외계인과 친구가 되는 꿈···. 어려서부터 다양하고 파란만장한 꿈을 꾸던 제가 자주 들었던 말입니다. 제게 꿈은 현실에서 이뤄질 수 없는 일들이 벌어지는 재미있는 오락 영화 같은 것이었고, 상담에서 꿈을 같이 보기로 했을 때도 단순한 호기심으로 시작했습니다.

그러나 꿈을 다루기 시작한 후로 꿈들은 더 이상 재미있다고만 느껴지지 않았습니다. 게으름을 피울 땐 호되게 채찍질하여 현실을 직시하도록 만들었으며 외롭고 불안할 땐 따뜻하게 달래주었습니다. 변화가 일어나기 전엔 꿈이 먼저 보여주었고 의식하지 못하거나 외면하던 감정과 생각까지 보여주었기에 점점 진지하게 꿈을 보게 됐습니다.

길을 잃고 방황하던 그 시절, 꿈은 제게 나침반과도 같았습니다. 어디로 가야 할지 몰라 두려울 때나 깊은 미로 속에서 영원히 헤매게 될까 불안할 때면 선생님은 "꿈은 좋아. 믿고 그대로 가."라고 말씀하시며 용기를 주셨습니다. 선생님이 쥐여준 실타래를 두 손에 꼭 쥐고 꿈을 나침반 삼아 더듬더듬 길을 찾아갔습니다. 두 발이 얼어붙어 앞으로 나아갈 수 없을 땐 작은 난로 속 희미한 불씨로 발을 녹이며 '멈춤'의 시간을 견뎠습니다.

꿈일기를 적기 시작한 지 10년이 지난 지금도 꿈 대부분을 기억합니다. 특히 몇몇 꿈들은 꿈에서 깨어난 당시 보았던 장면까지도 생생하게 떠오릅니다. 그만큼 꿈은 제게 큰 의미가 되었고 위안이 됩니다. 상담받지 않고 있는 지금도 여전히 꿈을 꿉니다. 얼마 전 꾼 꿈에서는 한 가수가 버스킹 공연을 하고 있었습니다. 다른 사람들이 좋은 자리를 모두 차지하고 저는 무대에서 가장 먼 뒷자리에 혼자 동떨어져 노랫소리조차 제대로 들을 수 없었습니다. 앞으로 가고 싶지만, 사람이 너무 많아 꼼짝없이 무대를 즐기는 관객들의 뒷모습만 바라봐야 했습니다. 가까이에서 가수도 보고 싶고 노래도 듣고 싶은데 아무것도 할 수 없어 슬펐습니다. 두 번째 곡이 시작되기 전, 저는 결국 관람을 포기하고 뒤쪽 골방으로 들어갔습니다. 그런데 가수가 골방의 문을 열고 들어와 제게 노래를 불러주었습니다. 노래를 들으며 한참을 엉엉 우는 저를 그는 조용히 위로해 주었습니다.

이 꿈을 꾼 당시 저는 자기 불신과 자기 비난으로 가득 찬 하루하루를 보내고 있었습니다. 침습적으로 떠오르는 사고들은 다른 사람보다 못난 면들을 상기시켰고, 그럴 때마다 항상 부족한 사람일 것만 같은 느낌에 고통스러웠습니다. 이처럼 저는 여전히 길을 잃고 헤매기도 하고 난로의 불씨를 지키지 못하기도 합니다. 하지만 꿈은 다시 저를 위로해 주었고, 덕분에 불씨를 다시 살려낼 수 있었습니다. 앞으로도 계속해서 길을 잃어 헤매고 불씨를 지키지 못해 추위에 떨기도 할 것입니다. 그러나 꿈이 들려주는 소리에 귀를 기울이면 올바른 길을 찾아갈 수 있을 것이라 믿습니다. 내일이 오는 것이 두려워 밤에 눈을 감는 것조차 겁이 났던 그 시절을 결국 지나왔고, 언젠가 마주하게 될 새로운 미로도 반드시 출구가 존재할 것이란 것을 알기 때문입니다.

그 길을 찾아가는 과정에서 선생님은 항상 저와 함께해 주셨습니다. 변하지 못할 것 같은 불안함에 초조할 때면 차분히 저의 마음을 읽어주셨고 포기하고 주저앉고 싶을 땐 다시 일어설 때까지 기다려 주셨습니다. 끝으로, 혼자서는 견딜 수 없었던 그 시기를 함께해 주시고 지난한 방황의 시기를 돌아보며 인생의 한 페이지로 간직할 기회를 주신 선생님께 마음 깊이 감사드립니다.

편낸이의 말

꿈이 건네 준 이야기

길을 잃은 순간, 우리는 멈춰 서서 어디로 가야 할지 묻곤 합니다. 저 또한 그 길 위에서 방황하던 때가 있었고, 그때 제게 다가온 것은 다름 아닌 꿈이었습니다. 밤마다 찾아온 꿈들은 제 마음 깊은 곳의 이야기를 전해 주었고, 오래된 민담 속 목소리들은 그 길을 해석할 수 있는 열쇠가 되어 주었습니다. 이 책은 그런 여정에서 시작되었습니다.

심리학과 민담, 그리고 실제 상담 사례를 엮어, 독자가 자신의 내면과 마주할 수 있도록 길잡이가 되어 주고자 했습니다. 이 책을 준비하는 과정에서 저 자신도 꿈이 지닌 힘과, 우리가 잊고 지냈던 무의식의 지혜를 새롭게 깨닫게 되었습니다. 이 책이 세상에 나오기까지 많은 분들의 도움이 있었습니다.

원고를 완성해 주신 작가님, 기꺼이 이야기를 나누어 주신 분들 , 아름다운 표지를 만들어 주신 디자이너님께 진심으로 감사드립니다. 무엇보다 이 책을 손에 들어 주신 독자 한 분 한 분께 가장 큰 감사의 마음을 드립니다

이 책이 길을 잃은 누군가에게, 잠시나마 마음을 비추는 작은 등불이 되기를 바랍니다. 꿈은 늘 우리 곁에서 조용히 속삭이고 있습니다. 부디 그 목소리에 귀 기울여 보시길 바랍니다.

2025년 8월, 무더위가 한창인 남양주에서...

이 석연

참고문헌

국내 문헌 | 단행본

김기덕. (2013). 『민담 속의 한국인』. 서울: 문학동네.

김열규. (2007). 『한국인의 신화』. 서울: 이끌리오.

임석재. (2002). 『단군신화의 구조와 의미』. 서울: 문학과지성사.

최준식. (2009). 『한국 신화와 무속연구』. 서울: 이화여자대학교출판문화원.

국외 문헌 | 융 심리학 및 상징 해석 관련

Bettelheim, Bruno. (1976). The Uses of Enchantment: The Meaning and Importance of Fairy Tales. New York: Alfred A. Knopf.

Campbell, Joseph. (1949). The Hero with a Thousand Faces. Princeton, NJ: Princeton University Press.

Dieckmann, Hans. (1986). Twice Told Tales: The Psychological Use of Fairy Tales. Wilmette, IL: Chiron Publications.

Henderson, Joseph L., et al. (1964). Man and His Symbols. Garden City, NY: Doubleday.

Johnson, Robert A. (1986). Inner Work: Using Dreams and Active Imagination for Personal Growth. San Francisco: Harper & Row.

Johnson, Robert A. (1991). Owning Your Own Shadow: Understanding the Dark Side of the Psyche. San Francisco: HarperOne.

Jung, Carl Gustav. Ed.). (1964). Man and His Symbols. Garden City, NY: Doubleday.

Neumann, Erich. (1954). The Origins and History of Consciousness. Translated by R.F.C. Hull. Princeton, NJ: Princeton University Press.

von Franz, Marie-Louise. (1996). The Interpretation of Fairy Tales. Revised Edition. Boston: Shambhala Publications.

현대 심리학 및 신체화 관련

Becker, Ernest. (1973). The Denial of Death. New York: Free Press.

Kellner, Robert. (1991). Psychosomatic Syndromes and Somatic Symptoms. Washington, DC: American Psychiatric Press.

Lesse, Stanley. (1983). Masked Depression. New York: Jason Aronson.

Rutherford, Margaret Robinson. (2019). Perfectly Hidden Depression: How to Break Free from the Perfectionism That Masks Your Depression. New York: New Harbinger Publications.

Scamvougeras, Anton & Howard, Andrew. (2018).
Understanding and Managing Somatoform Disorders: A Guide
for Physicians. Vancouver: AJKS Publishing.

Styron, William. (1990). Darkness Visible: A Memoir of
Madness. New York: Random House.

van der Kolk, Bessel. (2014). The Body Keeps the Score: Brain,
Mind, and Body in the Healing of Trauma. New York: Viking
Press.

Woolfolk, Robert L. & Allen, Lesley A. (2007). Treating
Somatization: A Cognitive-Behavioral Approach. New York:
Guilford Press.

동양 고전 및 신화 관련

Laozi. (1972). Tao Te Ching. Translated by Gia-Fu Feng and
Jane English. New York: Vintage Books.

Laozi. (2006). Tao Te Ching. Translated by Stephen Mitchell.
New York: Harper Perennial Modern Classics.

Sun, Jiayang. (2021). Fantastic Creatures of the Mountains
and Seas: A Chinese Classic. Translated by Sun Jiayang. San
Francisco: Stone Bridge Press.

Wilhelm, Richard. (1950). The I Ching or Book of Changes.
Translated by Cary F. Baynes. Princeton, NJ: Princeton
University Press.

그림 형제 민담 및 독일 민속 관련

Grimm, Jacob & Grimm, Wilhelm. (1812). Kinder- und Hausmärchen. Berlin: Realschulbuchhandlung.

Grimm, Jacob & Grimm, Wilhelm. (2015). Grimms' Fairy Tales: Dual Language Edition German-English . Translated by Margaret Hunt. London: Arcturus Publishing.

---

* 민담과 신화 출처 안내
이 책에 수록된 민담과 신화 이야기들은 고전 원전을 바탕으로 하되, 현대 독자들이 이해하기 쉽도록 현대적 언어로 각색하였습니다. 이야기의 핵심 내용과 의미는 원전 그대로 유지하되, 문체와 표현만을 현대적으로 다듬었습니다.

출처
한국 민담
반쪽이, 바리데기:『한국구비문학대계』(한국학중앙연구원) 수록본을 기초로 함
환웅:『삼국유사』및『한국구비문학대계』관련 자료 참조

서양 고전 신화
아리아드네: 아폴로도로스의『비블리오테케』, 헤시오도스의『신들의 계보』등 그리스 로마 고전 원전 기반
오딘:『신 에다』(스노리 스투를루손),『고 에다』등 북유럽 신화 원전 기반

유럽 민담
고슴도치 한스(Hans der Igel): 그림형제의『어린이와 가정을 위한 민담』(Kinder- und Hausmärchen, 1812) 원전 기반

모든 이야기는 저작권 보호 기간이 만료된 고전 원전을 출처로 하여, 자유롭게 각색하고 재화할 수 있는 공유 저작물입니다.

영문 표현들

- 일면성 one-sidedness
- 가면 증후군 imposter syndrome
- 리비도 libido
- 내향 introversion
- 자기 Self
- 신체화장애 somatization Disorder
- 양면성 ambivalence
- 초월적 기능 transcendent function
- 온전성 wholeness
- 동시성의 원리 principle of synchronicity
- 개성화 과정 individuation process
- 전체성 wholeness
- 보편적 원형 archetype
- 에난티오드로미아 enantiodromia
- 페르소나 persona
- 인큐베이션 incubation
- 변용 transformation
- 니그레도 nigredo
- 아니마 anima
- 대모 Great Mother
- 상처 입은 치유자 wounded healer
- 자기실현 Self-realization
- 아니무스 anima

주석

1) 《山海經》(산해경)은 중국 고대의 지리·신화·동물·식물·
   약초·의례·종족 등에 대한 정보를 담은 고대 백과사전형
   신화서입니다. 전체는 18권(본래 18편)으로 구성되어 있으
   며, 각 권은 '산(山)'과 '해(海)'로 나뉘며, 총칭해서 '산해경'
   이라 부릅니다.

2) 고슴도치를 가리키는 고대 한자. '추위를 막을 수 있다'라는
   것은 두 가지 뜻으로 해석 가능: (1) 가죽이나 털이 방한에
   좋다, (2) 상징적으로 '추위'를 막는 존재로 기능

3) 일본어권에서 고슴도치를 말함. 외모의 특이성으로 인한 고
   립성과 자기방어, 그리고 내면의 따뜻함을 의미.

4) 《주역(周易)》은 중국 고대의 철학서이자 상징체계로, 우
   주의 변화를 음(陰)과 양(陽)의 상호작용을 통해 해석한
   다. 삶의 모든 국면은 64괘(卦)라는 상징으로 표현되며, 이
   는 고정된 운명을 말해주는 것이 아니라, 지금 이 순간 인
   간이 처한 내적·외적 상황의 '의미 있는 그림'을 제공한
   다. 심리학자 카를 융 C. G. Jung 은 《주역》을 단순한 점
   서가 아닌 무의식의 상징적 표현이라 보았고, 이를 '동시성
   Synchronicity'의 관점에서 해석했다. 즉, 점을 친다는 행위
   는 우연이 아닌 무의식과 외부 사건의 상징적 일치를 포착
   하는 일이며, 그것은 내면의 그림자 혹은 변화의 필요를 드

개념어 정리 **209**

러내는 정신적 표식이 될 수 있다. 괘 하나하나는 인간 내
면의 상태, 갈등, 가능성을 비추는 거울이기도 하다. 이를
통해 우리는 세상을 바꾸는 것이 아니라, 자기 자신을 해석
하는 법을 배운다.

5) 「태극도(太極圖)」는 음양 사상의 핵심을 시각화한 동양 철
학의 상징 도식이다. 검은 음(陰)과 흰 양(陽)이 서로를 포
용하듯 맞물린 곡선 형태로, 모든 존재는 정적인 이분법이
아니라 상호 순환하는 변화의 흐름 속에 놓여 있음을 시사
한다.

6) 자신을 속이는 사기꾼 같은 느낌, '나는 그럴 자격이 없다'
라는 내면의 불안을 지속해서 느끼는 심리적 상태를 말한
다. 가면 증후군은 단순한 열등감이 아니라, 자기 존재의
정당성을 내면화하지 못하는 깊은 불안을 반영하며, 이를
통과하기 위해선 자기 수용과 진정성 있는 자기 인식이 필
요하다.

7) 신체화장애는 의학적으로 설명하기 어려운 신체적 증상
을 호소하는 정신 질환입니다. 통증, 위장관 증상 등 다양
한 증상이 나타나지만 정확한 원인은 밝혀지지 않았고, 심
리적 스트레스가 신체 증상으로 표출되는 것으로 여겨집니
다. 하지만 신체화는 특정 질환이 있는 사람들만의 문제는
아닙니다. 현대인들 역시 과도한 스트레스와 감정 조절의
어려움으로 유사한 증상을 겪곤 합니다. 만성 피로, 두통,
소화불량 등이 대표적인데, 업무량이나 대인관계 스트레스

가 주된 원인이 되곤 합니다.

8) 한국 신화에 등장하는 하늘의 신. 단군신화에 따르면 하늘
의 신 환인의 아들로, 인간 세계에 내려와 문명을 가르치고
단군왕검의 아버지가 됨.

9) '하늘의 징표' 또는 '하늘의 인장'이라는 뜻으로, 한국 단군
신화에서 환웅이 하늘에서 땅으로 내려올 때 아버지 환인
으로부터 받은 세 개의 신성한 도구. 정확한 형태나 종류는
문헌마다 다르게 기록되어 있으나, 일반적으로 우주의 원리
와 자연의 질서를 다스리는 신성한 권능을 상징하는 것으
로 해석됨. 이를 통해 환웅은 바람, 비, 구름 등 자연현상을
다스리고 인간 세계에 문명을 가져왔다고 전해짐

10) 한국의 건국 신화에 등장하는 최초의 왕. 환웅(하늘의
신)과 웅녀(곰에서 인간으로 변한 여성)의 아들로, 한국
최초의 국가인 고조선을 기원전 2333년에 건국한 것으로
전해짐

11) 한반도에 세워진 최초의 국가로, 단군왕검에 의해 기원전
2333년에 건국되었다고 전해짐. '고(古)'는 '옛'이라는 의미
로, 후대의 조선왕조(1392-1910)와 구분하기 위해 사용
됨

12) 에난티오드로미아Enantiodromia는 그리스어 'enantios'(반
대의)와 'dromos'(길)에서 유래한 융 심리학의 핵심 개념

주석   211

이다. 이는 어떤 심리적 상태가 극단에 이르렀을 때 그 반대의 상태로 전환되는 심리적 현상을 의미한다. 예를 들어, 지나치게 이성적이고 통제적인 삶을 사는 사람이 갑자기 감정적이고 충동적으로 변화하는 것이 그 예다. 융은 이를 심리적 균형을 회복하기 위한 무의식의 자연스러운 메커니즘으로 보았으며, 개성화 과정에서 중요한 심리적 전환점으로 이해했다.

13) 영혼의 변용Transformation은 융 심리학에서 가장 근본적인 심리적 과정 중 하나로, 개인의 심리적 성장과 내면의 근본적인 변화를 의미한다. 이는 단순한 외적 변화가 아니라 깊은 내적 재구성을 뜻한다. 융은 이 과정을 나비의 변태에 비유했다. 나비가 알에서 애벌레, 번데기를 거쳐 완전히 새로운 존재로 변화하듯, 인간의 심리도 이와 유사한 근본적인 변화를 겪는다. 이 과정은 고통스럽고 불확실할 수 있지만, 궁극적으로는 자아의 온전한 통합과 성장을 향한 여정이다. 개성화Individuation과정의 핵심으로, 의식과 무의식의 통합을 통해 진정한 자아Self를 발견하는 영적이고 심리적인 재탄생을 의미한다.

14) 니그레도Nigredo는 중세 연금술에서 유래한 개념으로, 융 심리학에서는 심리적 변화 과정의 근본적인 단계를 설명하는 중요한 은유이다. 문자 그대로 '검은 단계'를 의미하며, 연금술사들이 물질을 정제하기 위해 완전히 검게 태우는 과정을 비유한다. 심리학적으로 이는 개인이 깊은 우울, 혼란, 상실감을 경험하는 심리적 단계를 의미한다. 이

212   꿈이 답하다

시기에는 모든 것이 무의미해 보이고, 희망이 보이지 않는 깊은 어둠을 경험하지만, 이는 단순한 우울함이 아니라 내면의 근본적인 변화를 위한 필수적인 과정이다. 마치 씨앗이 땅속 어둠에서 껍질을 벗고 새싹을 틔우듯, 인간의 심리도 이러한 '검은' 단계를 통해 새로운 성장과 변화를 준비한다.

15) 무조대왕(巫祖大王)은 한국 무속 신앙에서 저승을 다스리는 왕으로, '무(巫)'는 무당, '조(祖)'는 조상 또는 시조, '대왕(大王)'은 큰 왕을 의미합니다. 즉 '무당의 시조인 위대한 왕'이라는 뜻으로, 지역과 무속 전통에 따라 염라대왕, 십대왕, 혹은 저승차사 등 다양한 이름으로도 불립니다. 서양 신화의 하데스(그리스)나 플루토(로마)가 저승을 다스리는 신으로 일방적인 심판자의 성격이 강하지만, 무조대왕은 바리데기와의 결혼을 통해 인간 세계와 저승 세계를 연결하는 중재자적 성격을 갖게 됩니다.

16) 한 실이 모든 보석을 꿰뚫는다(一線貫珠)"는 『화엄경』의 핵심 사상인 '일즉다 다즉일(一卽多 多卽一, 하나가 곧 여럿이고 여럿이 곧 하나)'의 원리를 상징적으로 표현한 것입니다. 이는 모든 현상과 가르침이 서로 분리된 것이 아니라 근본적으로 하나로 연결되어 있다는 연기(緣起, pratītya-samutpāda)사상을 담고 있습니다. 서양 철학에서는 주로 분석적 사고를 통해 현상을 개별적으로 분리하여 이해하는 경향이 있지만, 화엄 사상은 모든 현상이 상호 침투하고 포함하는 전체성(法界緣起, dharmadhātu-

pratītya-samutpāda)을 강조합니다. 심리학적으로 이는 우리의 삶의 경험들이 서로 단절된 사건들이 아니라, 하나의 일관된 내러티브로 통합될 때 의미를 찾을 수 있다는 것을 시사합니다.

17) '바르도 퇴돌Bardo Thödol'은 티베트어로 '중간 상태에서의 해탈을 통한 깨달음'을 의미하며, 서양에서는 '티베트 사자의 서 Tibetan Book of the Dead '로 알려져 있습니다. '바르도Bardo'는 '중간' 또는 '전환'을, '퇴돌 Thödol'은 '해탈' 또는 '구원'을 뜻합니다. 8세기 티베트의 대성자 파드마삼바바Padmasambhava가 저술했다고 전해지는 이 경전은 죽음 이후부터 다음 생까지의 49일 여정 동안 경험하는 6단계의 바르도 상태를 상세히 묘사합니다. 서양의 죽음 관련 문헌들이 주로 심판과 구원이라는 이원론적 구조를 가진 것과 달리, 바르도 퇴돌은 모든 경험과 현상이 궁극적으로 우리 자신의 마음이 만들어낸 것이라는 불교의 공(空, śūnyatā 사상에 기반합니다. 융 심리학자 C.G. 융은 이 경전에 깊은 관심을 보였으며, 바르도 상태를 심리적 변환과 개성화 과정의 상징으로 해석했습니다.

18) 융 심리학에서 숫자 3은 정신의 역동성을 상징하며 의식의 구조(생각, 감정, 직관)를 나타냅니다. 4는 물질적 안정성과 완전성을 상징하며 무의식의 구조와 연결됩니다(사방, 사계절, 융의 심리기능 4가지). 7은 3과 4의 합으로서 의식과 무의식, 정신과 물질의 통합을 의미하는 완전한 숫자입니다. 세계 여러 문화에서 7의 신성함(7일 창조, 7단

계 깨달음 등)을 발견할 수 있으며, 융은 이를 개성화 과정의 완성으로 해석했습니다.

19) 무당벌레는 문화권에 따라 다양한 상징적 의미를 지닙니다. 한국에서는 '무당벌레'라는 이름에서 알 수 있듯이 무속 신앙과 연관되어 있으며, 행운과 보호를 가져다주는 벌레로 여겨집니다. 집에 무당벌레가 날아들면 좋은 소식이 올 것이라는 민간신앙이 있습니다. 반면 서양에서는 'Ladybug'(영국) 또는 'Ladybird'(미국)라 불리며, 중세 유럽에서는 성모 마리아Our Lady의 상징으로 간주하였습니다. 농부들은 무당벌레가 작물의 해충을 잡아먹어 수확을 보호한다고 믿었고, 이로 인해 '성모의 벌레' Lady's beetle 라는 이름이 붙었습니다. 서양에서도 무당벌레는 행운, 보호, 그리고 새로운 시작을 상징하지만, 한국에서는 특히 무속과의 연관성을 통해 영적 변환과 중재의 의미가 더 강조됩니다